Dr. Klaus Emmerich

Gesamtdeutsche Verfassung – eine Karikatur?

Ein Abriss mit Dokumenten

Bibliografische Information der Deutschen Nationalbibliothek
Die Deutsche Nationalbibliothek verzeichnet diese Publikation
in der Deutschen Nationalbibliografie; detaillierte bibliografische
Daten sind im Internet über http://dnb.d-nb.de abrufbar.

Herstellung und Verlag:
BoD - Books on Demand
ISBN 978-3-7392-5064-9

Dr. Klaus Emmerich

Gesamtdeutsche Verfassung – eine Karikatur?

Ein Abriss mit Dokumenten.

„Wir werden gefragt: Haben wir nichts einzubringen in die deutsche Einheit? Und wir antworten: Doch, wir haben!

Wir bringen ein unser Land und unsere Menschen, wir bringen geschaffene Werte und unseren Fleiß ein, unsere Ausbildung und unsere Improvisationsgabe…

Wir bringen die Erfahrungen der letzten Jahrzehnte ein, die wir mit den Ländern Osteuropas gemeinsam haben.

Wir bringen ein unsere Sensibilität für soziale Gerechtigkeit, für Solidarität und Toleranz. In der DDR gab es eine Erziehung gegen Rassismus und Ausländerfeindlichkeit, auch wenn sie in der Praxis wenig geübt werden konnte. Wir dürfen und wollen Ausländerfeindlichkeit keinen Raum geben.

Wir bringen unsere bitteren und stolzen Erfahrungen an der Schwelle zwischen Anpassung und Widerstand ein. Wir bringen unsere Identität ein und unsere Würde. Unsere Identität, das sind unsere Geschichte und Kultur, unser Versagen und unsere Leistung, unsere Ideale und unser Leiden. Unsere Würde, das ist unsere Freiheit und unser Menschenrecht auf Selbstbestimmung…

(Lothar de Maizière, Regierungserklärung des Ministerpräsidenten der Deutschen Demokratischen Republik vor der Volkskammer am 19. April 1990. In: VOLKSKAMMER der DDR, 10. Wahlperiode - 3. Tagung- Donnerstag, den 19. April 1990, Stenografische Niederschrift Seite 44).

Inhaltsverzeichnis

1. Artikel 146 des Grundgesetzes für die Bundesrepublik Deutschland (5)

2. Die Arbeitsgruppe „Neue Verfassung der DDR" des Zentralen Runden Tisches (Dezember 1989 bis April 1990) (13)

3. Ausgewählte inhaltliche Probleme des Verfassungsentwurfs für die DDR (24)

Verzeichnis der Dokumente

1. Artikel 146 des Grundgesetzes für die BRD

Unbestritten aber häufig ignoriert: Das Grundgesetz für die (alte) Bundesrepublik Deutschland wurde vom Parlamentarischen Rat im Jahre 1949 als Provisorium entwickelt und schließlich am 23.Mai 1949 mit Zustimmung der West-Alliierten verabschiedet.

Carlo Schmid betonte bereits am 1. Juli 1948, dass alles was mit diesem „Organisationsstatut", zu schaffen war, *„den Charakter eines Provisoriums haben" mußte, solange „nicht das ganze Volk die Möglichkeit habe, gemeinsam den Staat aller Deutschen zu errichten. Heute können wir kein endgültiges ‚Deutsches Haus ' bauen, sondern nur ein Notdach, das uns für die Zeit des Übergangs Schutz gewährt… Die Ministerpräsidenten stimmten meinen Überlegungen weitgehend zu, wonach nicht die Verfassung für einen Staat in Westdeutschland geschaffen werden dürfe, sondern lediglich ein Organisationsstatut für die drei Zonen umfassendes Verwaltungsgebiet Westdeutschland. Dieses Organisationsstatut solle den Namen ‚Grundgesetz' erhalten und nicht von einer ‚Verfassungsgebenden Versammlung' beschlossen werden, sondern von einem von den Landtagen der Länder zu beschickenden ‚Parlamentarischen Rat'. Das Besatzungsstatut, das die Alliierten planen, müsse schon vor Einberufung dieses Parlamentarischen Rates in Kraft gesetzt werden… "*[1]

Bekanntlich fanden diese Grundaussagen ihren Niederschlag im Artikel 146 des GG 1949 der ursprünglich lautete:
(Geltungsdauer des Grundgesetzes)
„Dieses Grundgesetz verliert seine Gültigkeit an dem Tage, an dem eine Verfassung in Kraft tritt, die von dem deutschen Volke in freier Entscheidung beschlossen worden ist. "
Der „Alternativkommentar"[2] bezeichnet diesen Artikel 146, als die Bereitschaft der BRD *zur Selbstaufgabe.* Unter Hinweis auf die Möglichkeit des Beitritts gemäß Art. 23 Satz 2 (alt) bietet der Art. 146 einen weiteren Weg, unter den im Art. 146 angegebenen Bedingungen um zu einer gesamtdeutschen Verfassung zu gelangen.[3]
Diese Formel von der „Bereitschaft zur Selbstaufgabe" mit der Vorbedingung zu verknüpfen, dass das ganze deutsche Volk über eine Verfassung zu entscheiden hätte, ohne etwas zur inhaltlichen Gestaltung und den Weg dahin auszusagen, halte ich aus heutiger Sicht geradezu

---

[1] Carlo Schmid „Erinnerungen", aaO Seite 329
[2] Kommentar zum Grundgesetz für die Bundesrepublik Deutschland in zwei Bänden, Neuwied 1989..
[3] Vgl. ebenda Band 2 Seite 1578.

für töricht.[4] Unabhängig davon, muß aber der Art. 146 GG für die BRD das Ziel, der Schaffung einer **Gesamtdeutschen Verfassung**, perspektivisch beachtet bleiben.

Dem provisorischen *„Charakter des Grundgesetzes stehen der Inanspruchnahme des Art. 23 für die Vereinigung nicht entgegen. Andererseits schließt dieser Artikel nicht zwingend die spätere Erarbeitung einen neuen Verfassung nach der Herstellung der staatlichen Einheit aus; er macht eine solche Ablösung aber nicht erforderlich und läßt damit die definitive Beibehaltung des GG zu"*, heißt es in einer Aufzeichnung des Bundesinnenministeriums vom 27.Februar 1990.[5] An anderer Stelle heißt es: Die *„Vollendung der Einheit Deutschlands"* nach Artikel 146 GG für die BRD *„greift auf das Selbstbestimmungsrecht des <u>gesamten</u> Staatsvolkes des fortbestehenden Deutschen Reichs zurück."*[6]

Für den Weg nach Artikel 146 könnte nach Ansicht des Bundesinnenministeriums sprechen:
- Eine Akzeptanzerhöhung einer Verfassung;
- „die Einbringung eines in demokratischer Legitimation bestätigten freiheitlichen Ideengutes der friedlichen DDR-Revolution in einen neuen Verfassungstext."[7]

Als gegenteilige Gründe werden im Wesentlichen Zeitfaktoren, die für den künftigen Verfassungsinhalt, lange Wartezeit bis zur Verabschiedung, Rolle der Alliierten bei der Verabschiedung (!) benannt. Schließlich wird „ein wesentlich längerer Abschluß des Wiedervereinigsprozesses dabei Gefahr des Verlust der für den Einigungungsprozeß günstigen Eigendynamik" prognostiziert.

Nach fast 25 Jahren des Anschlusses der DDR an die BRD muß festgestellt werden, dass diese Prognose nicht zutraf, wie vieles nicht. In diesem Zeitraum wäre es möglich und machbar gewesen, eine Gesamtdeutsche Verfassung unter den Bedingungen des Artikels 146 GG für die BRD zu erarbeiten.

Für den *Anschluss* lieferte der BRD-Verhandlungsführer Wolfgang Schäuble zum Einigungsvertrag die „glaubhafteste Begründung", indem er in internen Ost-CDU-Kreis bemerkte:

---

[4] Vgl. ebenda Seite 1578 f.

[5] Überlegungen zu verfassungsrechtlichen Fragen…aaO. Seite 880

[6] Ebenda Seite 884. Unterstreichung im Original. Der angebliche Fortbestand des Deutschen Reiches und seines „gesamten Staatsvolkes" – was immer darunter verstanden werden soll, verdeutlicht zusätzlich die Problematik der Gesamtdeutschen Verfassung.

[7] AaO Seite 886.

„Liebe Leute, es handelt sich um einen Beitritt der DDR zur Bundespublik, nicht um die umgekehrte Veranstaltung. Wir haben ein gutes Grundgesetz, das sich bewährt hat. Wir tun alles für euch. Ihr seid herzlich willkommen. Wir wollen nicht kaltschnäuzig über eure Wünsche und Interessen hinweggehen. Aber hier findet nicht die Vereinigung gleicher Staaten statt. Wir fangen nicht ganz vorn bei gleichberechtigten Ausgangspositionen an. Es gibt das Grundgesetz, und es gibt die Bundesrepublik Deutschland. Laßt uns von der Voraussetzung ausgehen, daß ihr vierzig Jahre lang von beiden ausgeschlossen wart. Jetzt habt ihr einen Anspruch auf Teilnahme, und wir nehmen darauf Rücksicht.“[8]

Eingedenk dieser *Schäuble'schen Anschlussbegründung* gehe ich davon aus, dass über den Art. 146 GG im Zusammenhang mit der Erarbeitung des *Anschlussprotokolls,* Einigungsvertrag genannt, wenn überhaupt, fast ausschließlich darüber debattiert wurde, das Grundgesetz für die Bundesrepublik Deutschland möglichst in seiner Grundsubstanz unangetastet zu lassen.[9]

Lothar de Maiziere, letzter Ministerpräsident der DDR führt aus, dass noch vor seiner Regierungserklärung am 19. April 1990 zwei hochrangige Regierungsbeamte aus Bonn bei ihm auftauchten, *„um bestimmte Passagen im Entwurf meiner Rede, wie sie meinten, zu glätten. Mir missfiel diese zensierende und belehrende Art. Ich betonte, dass ich wohl bereit sei, mir abweichende Standpunkte anzuhören, nicht jedoch, mir diese vorschreiben zu lassen“*[10]

Unverzüglich nach Abschluß des Einigungsvertrages wurde das GG für die BRD zum sechsunddreißigsten Mal, am 23. September 1990 in seiner Präambel, im Artikel 146 und weiteren vier Artikeln, geändert.

---

[8] Wolfgang Schäuble „Der Vertrag. Wie ich über die deutsche Einheit verhandelte", Stuttgart 1991 Seite 131.

[9] Vgl. Klaus Emmerich „In guter Verfassung? Warum das Grundgesetz auf den Prüfstand gehört". Seiten 189 bis 213.

[10] Lothar de Maiziere „Ich will, dass meine Kinder nicht mehr lügen müssen. Meine Geschichte der deutschen Einheit", Freiburg. Basel. Wien 2010, Seite 137.

Endlich, im September 1987, hatte Honecker dank einer Erlaubnis aus Moskau sein Ziel einer offiziellen Reise nach Bonn erreicht. Der Kanzler empfing ihn mit militärischen Ehren. Im Garten der Villa Hammerschmidt sprach ich mit ihm über das »Grenzregime«. Das »Neue Deutschland« schrieb: »Die Teilung hat sich vollendet.« Zwei Jahre später war sie überwunden. [11])

Der hier interessierende Art. 146 erhielt folgende Fassung (Stand: November 2012):

(Geltungsdauer des Grundgesetzes)

„Dieses Grundgesetz, **das nach Vollendung der Einheit und Freiheit Deutschlands für das gesamte deutsche Volk gilt,** *verliert seine Gültigkeit an dem Tage, an dem eine Verfassung in Kraft tritt, die von dem deutschen Volke in freier Entscheidung beschlossen worden ist.“*

Im Handwörterbuch zur deutschen Einheit wird diese neue Variante des Artikels 146 von Georg Ress als *„in einer seinem spezifisch wiedervereinigungsbezogenen Ansatz entkleideten Form“* gedeutet.[12]

---

[11] von Weizsäcker aaO Seite 351.
[12] AaO Seite 359.

„In welcher Form eine Verfassungsgebung im Sinne des Artikels 146 stattzufinden hat, normiert der Artikel nicht... Das Grundgesetz ...legitimiert jedoch nur den Weg einer Willensbildung, der einen `gewissen Mindeststandard freiheitlich-demokratischer Garantien beim Zustandekommen der neuen gesamtdeutschen Verfassung´ gewährleistet.[13]

Die hervorgehobenen unbestimmten Rechtsbegriffe *Vollendung der Einheit und Freiheit*, die gleichzeitig die Änderungen nach Beitritt der DDR zum GG im Art. 146 sind, machen deutlich, dass eine Gesamtdeutsche Verfassung unverzüglich oder niemals Realität werden wird!

Es bliebe dabei: Das Grundgesetz ist die beste Verfassung der Welt! (Volkmar Kauder/CDU).

Vier Bundespräsidenten[14] haben in einer gemeinsamen Erklärung[15] im Zusammenhang mit der *„glücklichen Vereinigung des 40 Jahre geteilten deutschen Volkes"* die Frage formuliert, ob es ausreichend gelungen ist, *„unsere geschriebene und gelebte Verfassung zur Verfassung aller Deutschen werden zu lassen? Wie kann bisher Versäumtes nachgeholt werden? ... Sind sich unsere Parteien – über die nötige politische Konkurrenz hinaus- ihrer Mitverantwortung für die Entfaltung demokratischer Lebensformen und Gesinnungen ausreichend bewusst und geben sie selber genügend glaubwürdige Beispiele für ihre eigene Lernfähigkeit und Erneuerungs- bereitschaft?"*[16]

Es steht mir nicht zu, die Meinungen der Herrn Bundespräsidenten zu kommentieren. Feststeht, dass nach der „glücklichen Vereinigung" aus dem Provisorium des Grundgesetzes für die alte Bundesrepublik längs keine Gesamtdeutsche Verfassung im Sinne des Artikels 146 wurde. Davon scheinen die Herrn Bundespräsidenten selbst nicht überzeugt zu sein. Aus welchem Grunde hätten sie sonst die Fragestellung „unsere geschriebene Verfassung (das Grundgesetz! – K.E.)...zur Verfassung aller Deutschen werden zu lassen? überhaupt aufgeworfen?

Nach fast 25 Jahren (Deutsche Einheit) sind abwertende Begriffe für den Partner des Einigungsvertrages wie „Unrechtsstaat", „Kommando- wirtschaft", „Totalitarismus", „Gewaltherrschaft", „Diktatur" in

---

[13] Ebenda Seite 360 unter Hinweis auf BverfGE 5, 85.

[14] Johannes Rau, Roman Herzog, Richard von Weizsäcker und Walter Scheel.

[15] Johannes Rau, Reden und Interviews, Band 1.1: „Gemeinsame Erklärung von Bundespräsident Johannes Rau und den drei ehemaligen Bundespräsidenten Roman Herzog, Richard von Weizsäcker, Walter Scheel anlässlich der 50. Wiederkehr des Wahl des ersten Bundespräsidenten 12. September 1999", aaO Seiten 73 bis 76..

[16] Ebenda Seite 74

bestimmten Zeitabschnitten zum Allgemeingut der Massenmedien geworden, nachdem diese „Kampfbegriffe" von Spitzenpolitikern wieder und wieder verwandt wurden. Jüngst (Ende 2014) war wieder einmal der „Unrechtsstaat" an der Reihe.

Von Interesse erscheint auch die Stellung der UdSSR zum Grundgesetz für die BRD in dieser Zeit (1989/90) zu sein.

Valentin Falin schreibt: *„Die Sowjetunion kann das Grundgesetz der BRD nicht als rechtliche Basis ständiger oder provisorischer Regelungen für Deutschland akzeptieren. Diesem liegen pangermanische Ansprüche zugrunde (‚das Reich in den Grenzen von 1937', das Recht im Namen ‚aller Deutschen' zu sprechen, auch derjenigen, die außerhalb Deutschlands leben); es läßt keine Wahl des Gesellschaftssystems zu (was als Vorwand für das KPD-Verbot diente); in ihm werden Bestimmungen von Potsdam über die Demokratisierung, Entnazifizierung und Entmilitarisierung Deutschlands missachtet. Um als Diskussionsgrundlage zu dienen, müsste das Grundgesetz der BRD also vorher von allen Ablagerungen des ‚Kalten Krieges' und des Revanchismus gereinigt werden. Das ergäbe aber, im Grunde genommen, eine neue Verfassung."*[17]

Rechts: Deckblatt und Ausschnitt Rückseite der Broschüre des Staatsverlages der DDR

In diesem Zusammenhang machte Falin darauf aufmerksam, dass die Regierungen beider deutscher Staaten der schnellen Vereinigung große

---

[17] Valentin Falin: Konflikte im Kreml. Der Untergang der Sowjetunion. Botschaft Falins an Gorbatschow vom 18. April 1990. (Aus dem Russischen von Helmut Ettinger). Edition berolina 3. Auflage, Berlin 2014 Seite 176.

Bedeutung beimaßen aber „*keinen direkten und unlösbaren Zusammenhang zur Vereinigung nach Artikel 23 aufweisen. Ihrer Durchführung stand weder unter der Regierung Modrow noch steht ihr unter der Regierung de Maiziere etwas im Wege. Kohl manövriert, es will die angespannte Wirtschaftslage der DDR, die in vieler Hinsicht nicht ohne Mitwirkung Bonns künstlich geschaffen wurde, nutzen, um Lösungen durchzusetzen, die über die eigentliche Vereinigung der beiden deutschen Staaten hinausgehen.*"[18]

Aber ich will nicht über Botschaften Falins an Gorbatschow polemisieren, sondern darüber berichten, wie und ob es die „Arbeitsgruppe Neue Verfassung der DDR" des Zentralen Runden Tisches vom Dezember 1989 bis April 1990 verstanden hat, Vorschläge zu erarbeiten, die für eine zukünftige Gesamtdeutsche Verfassung bedeutsam sein könnten.

Dazu ist es notwendig, den gesamten Text des Entwurfes der interessierten Leserschaft *erneut* zugänglich zu machen.[19]

10. November 1989 auf dem Potsdamer Platz in Berlin. Die Mauer war offen, aber noch bewacht. Ich ging über den leeren Platz, als mir ein Offizier der Nationalen Volksarmee entgegenkam und meldete: »Herr Bundespräsident, ich melde: keine besonderen Vorkommnisse.« So schnell stand alles auf dem Kopf.

Quelle: von Weizsäcker aaO Seite 365.

---

[18] Ebenda. Botschaft Falins an Gorbatschow vom 18. April 1990.

[19] Der Text wurde u.a. veröffentlicht: Staatsverlag der DDR Berlin 1990 (Redaktionsschluß 6.April 1990) als Broschüre; Frankfurter Rundschau vom 18./19./20.und 21. April 1990; Neues Deutschland 18.April 1990 Seiten 7 bis 10. Der gesamte **authentische Text** der Arbeitsgruppe „Neue Verfassung der DDR", der allen Abgeordneten der Volkskammer auf ihre Arbeitsplätze vor der *Konstituierung (am 5. April 1990)* auf ihre Arbeitsplätze gelegt wurde, befindet sich in der Anlage 2.

Es erscheint geradezu *komisch*, dass beispielsweise in der 5 bändigen (DIN A 4 großen) von Uwe Thaysen herausgegebenen, etwa 2020 Seiten umfassenden Wortprotokollen und Dokumenten zur Tätigkeit des Zentralen Runden Tisches der DDR, der komplette *Entwurf der neuen Verfassung* der DDR fehlt.

Auch deshalb ist es notwendig, den gesamten Text des Entwurfes der interessierten Leserschaft *erneut* zugänglich zu machen.[20]

Im Band V *erscheinen* unter „16. Sitzung, 12. März 1990" auf den Seiten 668 bis 710 lediglich *Vorentwürfe der Redaktionsgruppe*[21]
vom 7.3.1990 zu den Grundrechten[22]; vom 1.3.1990 zum Staatsaufbau[23]; vom 2.3.90 zu den Staatsgrundsätzen[24], zur Regierung, Bund, Länder und die Kommunalautonomie, Länderkammer,
Präsident der DDR, Staatsbank, Rechnungshof; vom 6.3.90 zur Rechtsprechung[25];vom 7.3.90 zur Gesetzgebung[26]; vom 8.3.90 zur Verwaltung[27].

Nicht unerwähnt soll bleiben, dass es innerhalb der AG „Unter"arbeitsgruppen gab.

Sie benannten sich: Arbeitsgruppe – Menschenrechte (mit den Mitgliedern Schöneburg, P. Müller, Meltzer, Weigt, H.J. Will, V. Wollenberger);

Arbeitsgruppe – Politische Willensbildung (Weiske, Templin; Niggemeier, R. Will, Emmerich, Löber);

Arbeitsgruppe – Staatsorganisation (Wetzel, Templin, Spyrka, Künstler. E. Fischer, Gehrke, Gruel, Hellner).

---

[20] Der Text wurde u.a. veröffentlicht: Staatsverlag der DDR Berlin 1990 (Redaktionsschluß 6.April 1990) als Broschüre; Frankfurter Rundschau vom 18./19./20.und 21. April 1990; Neues Deutschland 18.April 1990 Seiten 7 bis 10. Der gesamte **authentische Text** der Arbeitsgruppe „Neue Verfassung der DDR", der allen Abgeordneten der Volkskammer auf ihre Arbeitsplätze vor der *Konstituierung (am 5. April 1990) auf ihre Arbeitsplätze gelegt wurde, befindet sich in der Anlage 2.*

[21] Die häufig in der Endfassung des Entwurfs der Verfassung gleichlautend enthalten sind, aber die Zuordnung zu bestimmten Artikeln im Gesamtentwurf musste logischerweise fehlen.
Dokument 16/6, Ausarbeitung einer Untergruppe der AG „Neue Verfassung" (die Staatsbezeichnung der **DDR**-fehlt) : Die Grundrechte (Vorlage 16/1 a); Dokument 16/7 Gesellschaftliche und politische Willensbildung (Vorlage 16/1 b); Seiten 1 bis 6.

[23] Dokument 16/8 Staataufbau Seiten 679 bis 685.

[24] Dokument 16/ 8 Seiten 686 bis 699.

[25] Dokument 16/8 Seiten 701 bis 704.

[26] Dokument 16/8 Seiten 705 bis 705.

[27] Dokument 16/8 Seiten 711 f.

2. Die Arbeitsgruppe „Neue Verfassung der DDR" des Zentralen Runden Tisches (Dezember 1989 bis April 1990)

Im Mittelpunkt meiner Darlegungen steht grundsätzlich der Entwurf der Verfasssung des Runden Tisches **für die DDR.** [28]

Dem Entwurf lag die Tatsache zugrunde, dass seit Oktober 1985 vom Verfasser und zahlreichen Autoren daran gearbeitet wurde, zum 40. Jahrestag der DDR einen neuen Kommentar zur geltenden Verfassung der DDR zu erarbeiten. Der Kommentar[29] zur 1968er Verfassung „lebte" von Erklärungen des Vorsitzenden des Staatsrates W. Ulbricht, (der gleichzeitig Vorsitzender der Kommisssion zur Ausarbeitung der Verfassung war), Beschlüssen der Volkskammer zu diesen Erklärungen, Reden der Vorsitzenden der Blockparteien(CDU, LDPD, NDPD, DBD), Berichte zur Volksaussprache zum Verfassungsentwurf 1968, Gesetzestext (Durchführung eines Volksentscheides über die Verfassung), Bericht der Zentralen Abstimmungskommission. dem Text der Verfassung sowie dazu gehöriger Gesetze und als Literatur Reden vor allem W. Ulbrichts enthielten.

Die Hauptproblem bestand darin, dass dieser Kommentar als *Geburtstagsgeschenk zum 40 jährigen Jubiläum des Staates*, nicht als Darstellung oder Kommentar offener Probleme oder gar *neuer* Verfassungsbestimmungen, der Verfassungswirklichkeit, angelegt war. Kurz: Es sollte alles, auch in Verfassungsfragen beim Alten bleiben.

„Diese Verfassung (von 1968 – K.E.) war- dies darf niemals vergessen werden- Grundgesetz einer deformierten, stagnierenden sozialistischen Gesellschaft. Eine neue Verfassung müßte aus vielfältigen Quellen gespeist werden" dazu gehörte von Karl-Heinz Schöneburg auf den Punkt gebracht, eine unvoreingenommene Analyse der geltenden DDR-Verfassung und des verfassungsrechtlichen Erbes, sowohl des Erbes der revolutionären Bourgeoisie als auch des Erbes von Juristen in der Weimarer Republik, das eigene Erbe seit 1945. *„Nicht zuletzt müssen die vielfältigen Verfassungsrechtforderungen aufgegriffen werden, die das Volk in unserem Lande in teilweise großartiger Reife seit dem 7. Oktober 1989 auf der Straße, in schriftlichen Meinungsäußerungen, in Podiumsgesprächen etc. formuliert hat. Wir marxistischen Juristen haben uns als Mittler zu*

---

[28] Die Hervorhebung ist deshalb bedeutsam, weil z.B. der Herausgeber eines Nachdruckes des Verfassungstextes im Jahre 2014 (Stiftung Haus der Demokratie und Menschenrechte Berlin) die Staatsbezeichnung DDR einfach in Fortfall bringt.

[29] Verfassung der Deutschen Demokratischen Republik Dokumente Kommentar, in zwei Bänden Staatsverlag Berlin 1969. Herausgegeben von Klaus Sorgenicht, Wolfgang Weichelt, Tord Riemann, Hans- Joachim Semler.

begreifen, damit diese Rechtsforderungen von unten in verbindliches Verfassungsrecht umgesetzt werden können."[30]

Wenn nach Anschluss der DDR von gut informierten und kritischen Juristen der DDR die allein die Nennung des Voksentscheides zur „68er Verfassung" als ausreichend ansehen, um die Mängel am Verfassungstext und –inhalt zu kaschieren, dann zeigt sich hier bereits, wie „alte Gewohnheiten" fortwirken. Starre Dogmatitik – hier die Nennung des Volksentscheides haben nichts gemein mit „ständiger Konkretisierung staats-und rechtsphilosophischer inhaltlicher und methologischer Grundaussagen"[31] zu Verfassungsfragen, die in der DDR weitestgehend unterblieben.

Die Streichung des wohl bedeutensten Halbsatzes der geltenden Verfassung der DDR („unter Führung der Arbeiterklasse und ihrer marxistisch-leninistischen Partei") erfolgte am 1. Dezember 1989 durch die Volkskammer.[32]

Ministerpräsident Hans Modrow beschreibt die Volkskammertagung wie folgt:

„Ich muß vorweg bemerken, der Artikel 1 der Verfassung bildete in jenen Tagen eines der strittigsten Probleme auf der Straße

Quelle: Neue Chronik der DDR 2.Folge. (Leipzig 20.11.1989)
Seite 107.

---

19 Karl-Heinz Schöneburg „Die revolutionäre Veränderung in der DDR erfordert eine neue Verfassung" . In: Für eine neue Verfassung und reale Bürgerrechte, Berlin 1990, Seite 7 f.
[31] Ebender Seite 8.
[32] GBl I Nr.25 Seite 265 vom 22.Dezember 1989.Anlage 1.

und unter den Parteien. Die ‚führende Rolle der Arbeiterklasse' war

Quelle: Oktober 1989 Seite 180

zum Symbol der beschädigten sozialistischen Idee geworden, zum Sinnbild für verletzte Demokratie, politische Willkür und grassierende Rechtsunsicherheit. In der Fraktion der SED trat ich an diesem Tage mit großer Entschiedenheit dafür ein, diese in der Verfassung verankerte Führungsrolle der SED zu streichen. Nicht aus einlenkender Angst, nicht aus Resignation, sicher aber aus jener Vernunft heraus, zu deren Sieg wir Kommunisten eher gedrängt worden waren, als daß wir ihn selbst, aus eigener Kraft, herbeigeführt hatten. Mein Motiv ergab sich aus dem Konzept einer Regierung der großen Koalition. Deren Arbeit verlief nicht mehr nach dem früheren Führungsprinzip, und ich wollte dieser neuen, Hoffnung machenden Realität, die ich anerkannte,entsprechenden Verfassungsrückhalt geben.

Natürlich hat mir das Streichen eines Grundsatzes aus der Verfassung wehgetan, dem ich mich mein gesamtes bisheriges politische Leben lang aus Überzeugung verpflichtet gefühlt habe, Aber die Trennung von diesem Prinzip mußte sein. Druck von außen, eigene Impulse und Einsichten, Zwang und Freiwilligkeit bilden in der Politik oft das, was in der friedlichen Zusammenführung beider Komponenten die neue Qualität erbringt: eine Kunst der Kompromisse, die nicht

Rückzug ist, sondern Vorzug sein kann und Gewinn, Gewinn an Erkenntnis und neuer Handlungsfreiheit. "[33]

Als weitere Tatsache, der die Arbeit an einer neuen Verfassung der DDR ungeheuer erleichterte war, dass sich am „Instut für Theorie des Staates und des Rechts" der Akademie der Wissenschaften der DDR am 13. November 1989 eine INITIATIVGRUPPE konstituiert hatte, die „Vorschläge zu ausgewählten Verfassungsbestimmungen" erarbeitete. Initiator war auch hier Prof. Karl-Heinz Schöneburg[34]
Folgende Präambel enthielt dieser Entwurf:

„In der Erkenntnis, daß nur die Wahrung des Friedens, die Entfaltung sozialer Gerechtigkeit und die Bewahrung der Natur als die Quelle des Lebens eine menschenwürdige Existens auch künftiger Generationen zu sichern vermögen;

in dem Bestreben. öffentliche Herrschaft auf den Grundsätzen der Demokratie, der Freiheit und der Solitarität und damit der Humanität und der Selbstbestimmung des einzelnen und des Volkes zu errichten;

in dem Verlangen, die Würde und die Einheit der deutschen Nation zu wahren, hat sich das Volk der Deutschen Demokratischen Republik nachdem es selbst in einer friedlichen Revolution seine Fesseln sprengen konnte, nachfolgende Verfassung gegeben."

Diese INITIATIVGRUPPE, auch „Projektgruppe `Neue sozialistische Verfassung der DDR´" begründete ihre Tätigkeit u.a. damit, dass die unter Leitung Walter Ulbrichts im Jahre 1968 erarbeitete und 1974 geänderte, zur Zeit (Mitte November 1989) gültige DDR-Verfassung nachweisbar von Denkweisen und verfassungsrechtlichden Positionen bestimmt war, die der Stalinzeit entstammten. Daran ändert sich auch nichts, der über diesen Verfassungsentwurf durchgeführten Volksentscheides.

Diese Verfassung war trotz aller „Lyrik" Grundgesetz einer "deformierten, stagnierenden, administrativ-bürokratisch geleiteten"[35] sich als sozialistisch bezeichnende Gesellschaft und sozialistischen Staates. *„Sie (diese Verfassung – K.E) muß deshalb Hemmschuh und Hindernis für für eine revolutionäre Erneuerung sein. Die täglich erhobenen Rechtsforderungen von unten, mit denen das Volk der DDR zur revolutionären Erneuerung der Geselllschaft beitragen will,*

---

[33] Hans Modrow „Ich wollte ein neues Deutschland." Mit Hans-Dieter Schütt. Dietz Verlag Berlin 1998, Seite 364.
[34] Vgl. „Für eine neue Verfassung und reale Bürgerrechte" Berlin 1990, Seiten 107 bis 126.
[35] „Antrag an den Außerordentlichen Parteitag der SED" der Projektgruppe vom 4. Dezember 1989. Kopie im Besitz des Autoren.

bedürfen dringend der Einordnung in ein strategisch-juristisches Gesamtkonzept. Dies kann in der Diskussion über eine neue sozialistische Verfassung sukzessive erreicht werden. Mit einer derartigen Verfassungsdiskussion wäre es möglich, einen gesamtgesellschaftlichen Konsens zwischen Parteien, Organisationen und Bewegungen des Volkes herbeizuführen.

Die revolutionäre Erneuerung der sozialistischen Gesellschaft hängt wesentlich von der revolutionären Umgestaltung des politischen Systems ab."[36] Nur wenn es gelingt, das herrschende bürokratisch-administrative System durch ein die Volkssouveränität realisierendes System zu ersetzen - heißt es weiter, *„das das Volk tatsächlich zum Subjekt politischer Macht werden läßt"* kann die Wende zu „wahrem" Sozialismus gelingen. Die Ausarbeitung einer neuen Verfassung bedarf u.a. genauer Analysen der damals geltenden Verfassung und jener Regeln, die *„durch Partei- und Staatsorgane ständig verletzt worden sind."*[37]

Nach Ansicht der Wissenschaftler der Initiativ- bzw. Projetgruppe sollte eine neue Verfassung die DDR *„als einen sozialistischen Rechtsstaat deutscher Nation ausweisen, dessen Souverän das Volk ist. Es muß in verfassungsrechtliche Normen umgesetzt werden, daß wir die Menschenrechtre verwirklichen und ein sozialistisches Gemeinwesen aufbauen, in dem die freie Entwicklung eines jeden die Bedingung für die freie Entwicklung aller ist....Mit dieser Position ist jede Art von Wahrheits- oder Machtmonopol einer bestimmten sozialen Gruppe, einer bestimmten Weltanschauung oder gar einer bestimmten Partei unvereinbar."*[38] An anderer Stelle wird ausgeführt, dass *„die Grundrechte der bisherigen Verfassung haben insgesamt versagt. Bei der Erarbeitung eines neuen Grundrechtskatalogs sind sowohl Konsequenzen auas völkerrechtlichen Konventionen...abzuleiten, als auch Erfordernisse eines sozalstischen Rechtsstaates in Grundrechtsnormen umzusetzen...Die juristische Verbindlichkeit der Grundrechte, zum Beispiel ihre Einklagbarkeit vor Gericht, muß gesichert werden."*[39]

Als unverrückbare Errungenschaften der DDR werden *„Antifaschismus, Antirassismus, Negation des Monopolkapitals und Gro0grundbesetzes, Brechung jedes Bildungsprivilegs, Friedenspolik, sozialistisches Gemeinwesen"* genannt.[40]

---

[36] Ebenda Seite 2.

[37] Ebenda. Dazu gehörte z.B. auch die Ignoranz eines **kollektiven** Staatsoberhauptes, des Staatsrates.

[38] Ebenda Seite 3.

[39] Ebenda Seiten 4 f.

[40] Ebenda Seite 5.

Die innere Situation in der DDR, die gesellschaftlichen Widersprüche, der demokratische Aufbruch in der DDR der zur Bildung zahlloser Runder Tische, die als Organe demokratischer Mitwirkung und Mitgestaltung des Volkes angesehen werden sollten[41], Wende, Revolution oder Konterrevolution, sowie insbesondere der Zentrale Runde Tisch, der am 7. Dezember 1989 seine Arbeit aufnahm und am 12. März 1990 beendete, wird nur marginal und ausschließlich im Zusammenhang mit *Verfasssungsfragen* beachtet.

Kritiker werden sagen, das geht nicht. Aber im Interesse der Konzentratration erscheint mir das unumgänglich. Zahlreiche Veröffentlichungen werden in den ***Anlagen*** und der ***Literaturauswahl***, genannt.

Besonders hervorzuheben sind die Beiträge von Wolfgang Ullmann[42] Aber auch der Artikel in der FAZ[43] von Prof. Ulrich K. Preuß sowie die Reden von 12 Abgeordneten der Volkskammer[44] sind bemerkenswerte Zeitdokumente.

Der Beschluß der Volkskammer vom 29. Januar 1990 gibt die Situation in den örtlichen Volksvertretungen treffend wieder, wenn z.B. von „beschlußfähigen" und „nicht mehr beschlußfähigen" örtlichen Volksvertretungen und das Recht der Runden Tische „Vorschläge zur Wahl von haupt- und ehrenamtlichen Ratsmitgliedern aus ihren Reihen zu unterbreiten", formuliert wurde.

---

[41] Czichon/Marohn werden nicht müde um dem gesamten RT, und selbstverständlich auch der AG jegliche Legitimation abzusprechen. „In seinem Anspruch als Macht-und Kontrollorgan, war der Zentrale Runde Tisch verfassungswidrig" (Seite 304)….„In dem Umfang, wie sich der Zentrale Runde Tisch Kompetenzen anmaßte, die nicht von den Verfassungsartikeln 28 (Recht sich friedlich zu versammeln- K.E.) und 29 (Recht auf Vereinigung- K.E.) gedeckt waren…entgegen dem Artikel 85 (Aufgaben und Befugnisse der örtlichen Volksvertretungen- K.E.) der Verfassung der DDR… festgelegt waren… übte er entgegen der Verfassung der DDR die Macht aus, seine Vertreter begingen zielgerichtet Verfassungsbruch" (Seite 306).

[42] Siehe Literaturauswahl „UllLmann"

[43] 28. April 1990 komplett als Anlage 11.

[44] 19. April1990 komplett als Anlage 10.

Geburtsnamen und Vornamen, das Geburtsdatum, den Geburtsort, die letzte Wohnanschrift in der Deutschen Demo- | Elternteil eingereicht werden, soweit der andere Elternteil unbekannt oder verstorben ist.

Beschluß
der Volkskammer über die Tätigkeit
von Vertretern aller Parteien,
gesellschaftlichen Vereinigungen und politischen
Gruppierungen der Runden Tische in den örtlichen
Volksvertretungen und ihren Räten

vom 29. Januar 1990

Zur Gewährleistung der Wahrnehmung der Verantwortung der örtlichen Volksvertretungen und ihrer Räte in der gegenwärtigen politischen Situation wird folgendes beschlossen:

1. Beschlußfähige örtliche Volksvertretungen können durch Beschluß Vertreter aus allen Parteien, gesellschaftlichen Vereinigungen und politischen Gruppierungen der Runden Tische als Abgeordnete mit allen gesetzlich festgelegten Rechten und Pflichten für freigewordene Mandate kooptieren.

2. In Territorien, in denen Volksvertretungen nicht mehr beschlußfähig sind oder sich aufgelöst haben, können Bürgerversammlungen beschließen, daß Vertreter aus allen am Runden Tisch beteiligten Parteien, gesellschaftlichen Vereinigungen und politischen Gruppierungen die Legitimation als Abgeordnete mit allen gesetzlich festgelegten Rechten und Pflichten erhalten.

3. Auch die an den Runden Tischen vertretenen neuen Parteien, gesellschaftlichen Vereinigungen und politischen Gruppierungen haben ebenfalls das Recht, den örtlichen Volksvertretungen Vorschläge zur Wahl von haupt- und ehrenamtlichen Ratsmitgliedern aus ihren Reihen zu unterbreiten.

4. Dieser Beschluß gilt bis zu den nächsten Wahlen der örtlichen Volksvertretungen. Festlegungen in Gesetzen und anderen Rechtsvorschriften, die diesem Beschluß widersprechen, sind nicht mehr anzuwenden.

Vorstehender Beschluß wurde von der Volkskammer der Deutschen Demokratischen Republik in ihrer 15. Tagung am 29. Januar 1990 gefaßt.

Berlin, den 29. Januar 1990

Der Präsident der Volkskammer
der Deutschen Demokratischen Republik

Dr. G. M a l e u d a

Das trifft auf den Verfassungsentwurf der Arbeitsgruppe „Neue Verfassung" der DDR (im folgenden AG) des Zentralen Runden Tisches (Im folgenden: RT) und seine Inhalte weniger zu und beschränkt sich auf die Zeit unmittelbar nach *Anschluss der DDR*[45] an die BRD, häufig im Zusammenhang mit Artikel 146 GG.

Nun sind Verfassungsfragen eine komplizierte, nicht nur rechtliche Matererie. Sie berühren das Leben jedes Einzelnen. Genauso wenig bin ich bereit u.a. die Zeit der Bürgerkomitees, die Fluchtbewegung Ost nach West, die Volkskammer als Gesetzgeber ohne Mandat, die einzig freie und wirklich demokratische Wahl zu beschreiben, wie es Thaysen tut.[46]

Zur Geschichte des RT merkt er an: „Mit einer neuen DDR-Verfassung konnte sich der Zentrale Runde Tisch als Plenum bis zum Schluss - gemessen an seiner Selbstverständniserklärung – nur beiläufig befassen. Bezogen auf das zweite Postulat seiner Selbstverständniserklärung, der Schaffung der Verfassung für eine eigenständige DDR, war die Entwicklung über ihn hinweggerollt. Andere und immer neue Themen traten mehr und mehr in den Vordergrund. Mit der Veränderung seiner Rolle in der ständig zunehmenden Dynamik der Veränderungen zu Beginn des Jahres 1990 hat der Runde Tisch

---

[45] Beachte die *Schäuble`sche Anschlussbegründung* unter Fußnote 5.
[46] Der Zentrale Runde Tisch der DDR. Wortprotokoll und Dokumente, Band I: Aufbruch, Wiesbaden 2000, Seiten X ff.

schließlich über eine Fülle von Themen entscheiden müssen und tatsächlich entschieden – nur eben nicht über eine Verfassung der DDR:"[47]

Warum nur wird die Erklärung des RT zum *Entwurf einer Verfassung* (Vorlage 1/10 b)[48] von Thaysen ignoriert? Sie lautet :

„1. Die Teilnehmer des Runden Tisches stimmen überein, sofort mit der Erarbeitung des Entwurfs einer neuen Verfassung zu beginnen.

2. Sie berufen dafür eine paritätisch zusammengesetzte Arbeitsgruppe, die umgehend mit der Arbeit beginnt und nach Notwendigkeit weitere Bürgerinnen und Bürger einbezieht.

3. Die Teilnehmer des Runden Tisches haben Übereinstimmung darüber (erzielt), daß die Bestätigung dieser neuen Verfassung nach Neuwahlen zur Volkskammer in einem Volksentscheid 1990 erfolgt.

4. Die für die Durchführung von Neuwahlen erforderlichen Verfassungsänderungen sind unverzüglich zu erarbeiten.

5. Die Teilnehmer des Runden Tisches nehmen das Angebot zur Mitwirkung an einem entsprechenden Volkskammerausschuß zur Kenntnis und bestimmen eigenständig ihre Mitarbeit."

Zusammenfassend: Die AG erarbeitete nur den Entwurf einer Verfassung und sie konnte und wollte auch nicht darüber *entscheiden.* Diese Aufgabe hatte die Volkskammer nach Neuwahlen, zusätzlich war ein Volksentscheid vorgesehen.

In einem Grundsatzpapier vom 19. Dezember 1989, das dem RT in seiner 4. Sitzung am 27. Dezember 1989 vorlag, wird zur Arbeitsweise der AG „Neue Verfassung der DDR" folgender Standpunkt vertreten und gleichzeitig der Verfassungskommission der Volkskammer[49], die paralell tätig war, unterbreitet:

„1. Die Arbeitsgruppe sieht ihre vordringliche Aufgabe darin, den Entwurf einer neuen Verfassung der DDR auszuarbeiten. Dazu zieht sie Experten heran. Sie wird notwendige Informationen zu Gesetzesvorhaben, die den Entwurf der neuen Verfassung berühren könnten, sowohl von Regierungsstellen wie von Ausschüssen der

---

[47] AaO Seiten XIV f.

[48] AaO Band I Seite 50 vom 7.Dezember 1989 während der 1. Sitzung des RT.

[49] Die Volkskammer beschloß am 18. November 1989 eine Kommission zur Änderung und Ergänzung der Verfassung der DDR zu bilden. GBL. Teil I Nr. 23 Seite 250. „Dieser Kommission sollten Vertreter aller Fraktionen, Arbeiter und andere Werktätige, Vertreter von gesellschaftlichen Bewegungen, die nicht der Volkskammer angehören, Vertreter von Kirchen und Religionsgemeinschaften, Rechtsexperten und Vertreter anderer wissenschaftlicher Disziplinen angehören ...Personelle Vorschläge sind innerhalb von 14 Tagen ... zu unterbreiten."

Volkskammer anfordern. Die Arbeitsgruppe wird ihre Vorstellungen über die neue Verfassung ständig in der Öffentlichkeit diskutieren.

2. Es wäre günstig, wenn sich die Verfassungskommission der Volkskammer im Schwerpunkt auf die mit der Verabschiedung notwendiger Einzelgesetze (etwa Wahlgesetz, Parteiengesetz, Gesetz über Joint Ventures) zusammenhängender Änderungen der bestehenden Verfassung konzentrieren würde. Über ihre Vorstellungen und Projekte zur Änderung der bestehenden Verfassung muß die Arbeitsgruppe des ‚Runden Tisches‘ständig informiert werden. Umgekehrt wird die Arbeitsgruppe des ‚Runden Tisches‘ihre Ergebnisse im Hinblick auf die neue Verfassung der Verfassungskommission der Volkskammer zugänglig machen.

3. Im Interesse der Effektivität der Arbeit wäre es zu begrüßen, wenn einzelne Personen (Mitglieder und Experten) in beiden Gremien mitarbeiten.

4. Die Arbeitsgruppe des ‚Runden Tisches‘ anerkennt nur Experten der Arbeitsgruppe, nicht einzelne Partein oder Organisationen. Als Experte wird Professor Schöneburg von der Arbeitsgruppe berufen. Weitere Experten werden, nachdem die sich in der Arbeitsgruppe vorgestellt haben, in den nächsten Beratungen benannt. “[50]

Im Dezember 1989 konnte es noch als eine Möglichkeit angesehen werden, eine reformierte DDR mit einem „modernisierten Sozialismus“ im Gegeneinanderprallen zum realen Sozialismus zu schaffen.

Aus dem Verhalten der Mehrheit der DDR-Bevölkerung im Herbst 1989 konnte man schließen, dass ein solcher Weg akzeptiert worden wäre. Mit dem Bekenntnis „Wir sind das Volk“und „Wir bleiben hier“ wurde das symbolisiert.

Die während der Demonstration am 04. November 1989 in Berlin aufgezeichten Losungen und Parolen geben einen Eindruck der Situation.[51]

Da die von der Volkskammer gebildete Kommission sich lediglich die Aufgabe stellte, die bestehende Verfassung der DDR zu ändern und zu ergänzen, war der RT der Ansicht, dass es sich hier nur um Stückwerk handeln könne, was sich auch im Verlaufe der folgenden Monate, bestätigte. Auf die Änderung des Artikels 1 wurde bereits verwiesen.

Es folgten noch in der 9. Wahlperiode: Am 12. Januar 1990 Änderung des Artikels 12 (Streichung des Halbsatzes: Privateigentum

---

[50] „Der Zentrale Runde Tisch der DDR. Wortprotokoll und Dokumente“, Band V: Dokumente, Wiesbaden 2000, Seite 28.
[51] Siehe Anlage 2.

an Bergwerken, Kraftwerken … Industriebetrieben … ist unzulässig), Einfügung des Artikels 14 a (Gründung von Unternehmen mit ausländischer Beteiligung; am 20. Februar 1990 Aufhebung des Artikels 3 (Bündnis in der Nationalen Front), Änderung der Artikel 22 (Wahlen) und 54 (Wahl zur Volkskammer erfolgt auch direkt) sowie am 06. März 1990 Änderung der Artikel 44 und 45 (Gewerkschaften).

Während der 10. Wahlperiode der Volkskammer wurden die Änderungen bzw. Ergänzungen der Verfassung der DDR fortgesetzt: Am 05.April 1990 Neufassung des Artikels 79 (Ministerrat) u.a.

Am 17.Juni 1990 wurden „Verfassungsgrundsätze" beschlossen, die die Verfassung der DDR ergänzten und entgegenstehende Bestimmungen dieser Verfassung ihre Gültigkeit absprachen. Die Grundsätze umfassten zehn Artikel.

Der letzte Artikel lautete: „Dieses Verfassungsgesetz tritt am 17. Juni 1990 in Kraft und behält seine Gültigkeit bis zur Inkraftsetzung eines Grundgesetzes. "[52]

Der Vorsitzende des Ministerrates der DDR, Hans Modrow, (datiert 15. Januar 1990) gab vor dem RT eine Erklärung ab, in der Probleme einer neuen Verfassung direkt nicht benannt wurden.[53]

Die „Erklärung des Ministerpräsidenten Dr. Hans Modrow zum Besuch in der BRD vom 13.- 14. Februar 1990", die als Ergebnis der 13. Sitzung des RT vorliegen, wurde über Verfassungs- oder Grundgesetz Probleme in beiden deutschen Staaten nichts ausgesagt. Aber besonders der Minister seiner Regierung, Wolfgang Ullmann (Demokratie Jetzt), der der DDR-Delegation angehörte, ergänzte und befürwortete vor dem Plenum des RT die vorgetragenen Ausführungen des DDR-Ministerpräsidenten. Unter Hinweis auf Artikel 146 GG drückte er aus, dass *„alle verantwortlichen Politiker und alle Bürgerinnen und Bürger in beiden deutschen Staaten, denen an einer Demokratisierung und an der Wahrnehmung des Selbstbestimmungsrechtes gelegen (ist), sollten in diese Richtung denken und arbeiten.* "[54]

---

[52] GBl. I Nr. 33 Seiten 299 f.

[53] Anlage 3. Der Redetext von Modrow in:„Der Zentrale Runde Tisch der DDR. Wortprotokoll und Dokumente", Band II: Dokumente, Wiesbaden 2000, Seiten 346 bis 348.

[54] AaO Band III Seiten 783 bis 785.

Verfassung mit Volksentscheid

Da Minister Ullmann ein Mitglied der „Arbeits- und Expertengruppe" der AG war[55], ist davon auszugehen, dass er in zahlreichen Gesprächen diesen oben skizierten Standpunkt ebenfalls vertrat.

Nach übereinstimmunder Meinung am RT, sollte der Verfassungsentwurf in der Öffentlichkeit diskutiert werden und am 17. Juni 1990 durch einen Volksendscheid angenommen werden. [56]

In der AG bestand Konsenz darüber, dass der Entwurf in der Volksdiskussion seine entgültige Fassung erhalten sollte. Es zeichnete sich ab, dass es zu einer schnellen Einheit beider deutscher Staaten kommen konnte.

Der von der AG erarbeitete Entwurf ging, das belegen zahlreiche Passagen, von diesem Sachverhalt aus.

Beispielsweise ist das IV. Kapitel (Artikel 114 bis 125) zu den Staatsfinanzen inhaltlich oft wörtlich aus dem GG für die BRD (Kapitel X. „Das Finanzwesen") entnommen. Diese Tatsache wurde auch mit beiden Finanzministerien abgestimmt und für gut befunden.

---

[55] Quelle: Broschüre Staatsverlag der DDR Berlin 1990 (Redaktionsschluß 6. April 1990), Seite 77.

[56] Siehe auch Anlage 7.

3. Ausgewählte inhaltliche Probleme des Verfassungsentwurfes für die DDR

Für die Verfassungsverweigerung der unter de Maiziere stehenden Koalition und der Kohl-Regierung werden die verschiedensten Gründe angegeben, die jedoch sämtlich nicht überzeugen.

Meines Erachtens sollte vorallem verschleiert werden, wie die soziale Machtverteilung tatsächlich war, wie sie sich in der Staatspraxis des Grundgesetzes mit dem Verzicht auf substantiierte Garantien für mehr soziale Gerechtigkeit und für mehr demokratische Mitwirkung über Jahrzehnte entwickelt hat.

Als ein Hauptgrund für die Verfassungsverweigerung werden von Politik und Medien immer wieder die angeblich zu lange Dauer von Ausarbeitung (Entwurf), Beratung und Beschluss schließlich die Befragung des Volkes über eine neue Verfassung angeführt. Das war im Jahre 1990 genauso der Fall wie im Jahre 2014. Also über zwei Jahrzehnte später!

Ullmann[57] bemerkt zum Scheitern des Entwurfs in der Volkskammer, dass es *„nicht etwa wegen des Widerstandes gegen sein Gesamtkonzept oder einzelne seiner Regelungen"* lag. Die Ablehnung erfolgte *„aus dem gleichen politischen Kalkühl, das nach der Vereinigung alles tat, um eine öffentliche Diskussion über die im Grundgessetz vorgesehene Anwendung des Artikels 146 im Rahmen des Einigungsprozesses zu verhindern."*[58]

Wenn in der „Potsdamer Erklärung" vom 23. Mai 2012[59] gesagt wird, die Zeit ist reif, um das Grundgesetz für die Bundesrepublik Deutschland in eine Gesamtdeutsche Verfassung umzuwandeln, dann dürfen die zukunftsträchtigen Aussagen und Formulierungs-*Vorschläge* des Verfassungsentwurfs des RT nicht vergessen werden. Bloß darf nicht davon ausgegangen werden, dass das GG für die BRD die *unübertrefflich beste Verfassung aller Zeiten sei.*

Der Verfassungsentwurf des RT löst bereits in sorgfältig abgewogenen Formulierungen die Probleme der Aufnahme von Garantien für mehr soziale Gerechtigkeit durch soziale Grundrechtsbestimmungen und für mehr demokratische Mitwirkung im größer gewordenen Deutschland.

Der Entwurf beschränkt sich nicht auf plakative Parolen, wie sie manchen Staats-Ziel-Bestimmungen anhaften. Einzelne Verfassungs-

---

[57] Ullmann aaO Seite 112 f.
[58] Ebenda. Nicht unerwähnt darf bleiben, dass gemäß Artikel 5 Einigungsvertrag vorgesehen war, dass der Gesetzgeber sich innerhalb von zwei Jahren „mit der Frage der Anwendung des Artikels 146 des Grundgesetzes und in deren Rahmen einer Volksabstimmung" befassen sollte.
[59] Anlage 4.

ziele werden substantiiert, konkretisiert und so differenziert, dass alle diese Verfassungsrechtssätze unmittelbar anwendbar werden. Diese Aussage gilt besonders für die Funktion der sozialen Grundrechtsbestimmungen, nicht nur im Sinne „einklagbarer Rechte", sondern auch als Grundsatznorm, Verfassungsauftrag und Auslegungsregel.

Das es nicht gelang das Verfassungskonzept (Vermächnis) des RT Aufmerksamkeit und Geltung zu verschaffen, lag nicht etwa am utopischen Charakter dieses Konzepts, sondern am Widerstand, der in breiten Teilen der Herrschenden, im größer gewordenen Deutschland hervorgerufen wurde. Es ging letztendlich darum, jeden Keim eines neuen demokratischen Deutschland rechtzeitig und rigeros zu ersticken.

In der Präambel, von der Schriftstellerin Christa Wolf verfasst, sind jene historischen Tatsachen, sowie die Sehnsucht aller Menschen erfasst, die das größer gewordene Deutschland als ihre Heimat ansehen.

Präambel

Ausgehend von den humanistischen Traditionen, zu welchen die besten Frauen und Männer aller Schichten unseres Volkes beigetragen haben,

eingedenk der Verantwortung aller Deutschen für ihre Geschichte und deren Folgen,

gewillt, als friedliche, gleichberechtigte Partner in der Gemeinschaft der Völker zu leben, am Einigungsprozeß Europas beteiligt, in dessen Verlauf auch das deutsche Volk seine staatliche Einheit schaffen wird,

überzeugt, daß die Möglichkeit zu selbstbestimmtem verantwortlichen Handeln höchste Freiheit ist,

gründend auf der revolutionären Erneuerung,

entschlossen, ein demokratisches und solidarisches Gemeinwesen zu entwickeln, das

Würde und Freiheit des einzelnen sichert,
gleiches Recht für alle gewährleistet,
die Gleichstellung der Geschlechter verbürgt
und unsere natürliche Umwelt schützt,

geben sich die Bürgerinnen und Bürger der Deutschen Demokratischen Republik diese Verfassung.

Aus den „Grundrechten" deutscher Verfassungen sind „Menschen- und Bürgerrechte" geworden.

Eingedenk der Mahnung: „Solange es Ausbeutung gibt, gibt es Hoffnungen auf ein ausbeutungsfreies Zusammenleben; solange es Unterdrückung gibt, gibt es ein Verlangen nach gleichberechtigter Gemeinsamkeit aller Menschen, solange es intelektuelle Verkümmerung und geistige Manipulierung gibt, gibt es, in welchen Formen auch immer, den Drang nach Wissen und Wahrheit. Solange es Krieg gibt, gibt es Sehnsucht nach Frieden"[60]

Wenn Artikel 1 Absatz 1 des Entwurfes fast mit dem GG übereinstimmt, dann gehen seine Formulierungen, insbesondere des Absatzes 2, weit darüber hinaus, indem es dort heißt:

Jeder schuldet jedem die Anerkennung als Gleicher. Niemand darf wegen seiner Rasse, Abstammung, Nationalität, Sprache, seines Geschlechts, seiner sexuellen Orientierung, seiner sozialen Stellung, seines Alters, seiner Behinderung, seiner religiösen, weltanschaulichen oder politischen Überzeugung benachteiligt werden.

Das Recht

- der Frauen auf *selbstbestimmte Schwangerschaft* (Artikel 4 Absatz 3);
- auf der Schutz der Kinder (22 (5);
- *unentgeltlichen Zugang* zur Bildung und Ausbildung (24 (1);
- Eigentum ist sozialpflichtig (29 (1);
- Schutz der natürlichen Umwelt als Lebensgrundlage (33 (1);
- Rechte der Sorben (34);
- Rechte von *Bürgerbewegungen (*35 (2);
- Freiheit und Unabhängigkeit der Gewerkschaften (39 (2);
- wird jemand in seine Menschen-und Bürgerrechten verletzt, so kann er sie auf dem Rechtsweg einklagen (40(4)
  und anderes
  würde einer Gesamtdeutschen Verfassung gut zu Gesicht stehen.

Zweifelslos hätte das Recht auf *angemessenen Wohnraum* (Artikel 25) oder das Recht auf *Arbeit oder Arbeitsförderung* (Artikel 27) im GG für die BRD auch die Rechtsprechung in dem Sinne beeinflußt, dass für Mieter bzw. Arbeitnehmer oder Arbeitnehmehmerinnen (Lohn- und Gehaltsabhängige) mehr „herausspringt".

Die Bestimmung des Staatswappens (Artikel 43) war in der AG sehr umstritten, wurde aber mehrheitlich beschlossen.

Mit diesem Artikel sollte das Bekenntnis der DDR und des vereinten Deutschlands zur Erhaltung des Friedens und zur Abrüstung symbolisiert werden. Diese Deutung folgte einer biblischen Darstellung in der es etwa heißt: Sie werden ihre Schwerter zu Pflugscharen und Spieße zu Sicheln machen. Es wird kein Volk wider das andere das Schwert erheben, und sie werden hinfort nicht mehr lernen, Krieg zu führen.[61]

---

[60] Hermann Klenner: „Marxismus und Menschenrechte" Studien zur Rechtsphilosophie Berlin 1982 Seite 13.
[61] Vgl. Das Buch Micha, die Verheißungen 4.3.

Im Jahre 1957 schenkte die Sowjetunion der UNO eine Plastik, die in den 80er Jahren zum Symbol der nichtstaatlichen Friedensbewegung in der DDR wurde.[62]

Wenn im Artikel 51 Absatz 2 die Rechte der Opposition im Parlament als „ein notwendiger Bestandteil der parlamentarischen Demokratie" charakterisiert werden, sie gegenüber der Regierungsmehrheit „das Recht auf Chansengleichheit (hat)" und „bei der Verteilung der Redezeit darf die Opposition gegenüber Mehrheit und Regierung nicht benachteiligt werden" (57(2)), dann wären aktuelle Auseinandersetzungen im Bundestag überflüssig.

Wenn es im Artikel 52 (1) heißt, „niemand kann einen Abgeordneten (der Volkskammer- K.E.) zwingen, gegen seine Überzeugung zu entscheiden" dannwollten wir unter dem *Niemand* auch den sog. Fraktionszwang verstehen.

---

[62] Vgl. hierzu: Klaus Emmerich aaO. Seiten 169 ff.

Anlage 1

VOLKSKAMMER

DER DEUTSCHEN DEMOKRATISCHEN REPUBLIK

| 9. Wahlperiode | - 13. Tagung - | Freitag, den 1. Dezember 1989 |

2. Gesetz zur Änderung der Verfassung der Deutschen
    Demokratischen Republik S.320

Antrag

(Stenografische Niederschrift)

Beginn der Tagung: 11.50 Uhr

ı Bürgern der Deutschen
ik in das Ausland - Reise-
.... S.321

Beschluß:

Entsprechend dem Antrag aller Fraktionen der Volkskammer wird folgende Änderung der Verfassung der
Deutschen Demokratischen Republik bei fünf Stimmenthaltungen beschlossen: In Artikel 1 Abs. 1 wird der
Halbsatz „unter Führung der Arbeiterklasse und ihrer
marxistisch-leninistischen Partei" gestrichen. ... S.321

Verehrte Abgeordnete! Ich stelle zur Abstimmung den Antrag,
den Artikel 1 der Verfassung zu ändern mit dem Wortlaut, in
Abs. 1 den zweiten Halbsatz zu streichen „unter Führung der Arbeiterklasse und ihrer marxistisch-leninistischen Partei". Wer
für diese Änderung der Verfassung ist, den bitte ich um das
Handzeichen. - Danke schön. Gibt es Gegenstimmen? - Das ist
nicht der Fall. Gibt es Stimmenthaltungen? - Wir stellen fest:
fünf Stimmenthaltungen.

Verehrte Abgeordnete! Ich stelle fest, daß diese Verfassungsänderung mit übergroßer Mehrheit beschlossen wurde.

S. 321

Entwurf

Verfassung

der Deutschen Demokratischen Republik

Arbeitsgruppe "Neue Verfassung der DDR"
des Zentralen Runden Tisches
Berlin-Niederschönhausen, 4. April 1990

DIE VERFASSUNG

DER DEUTSCHEN DEMOKRATISCHEN REPUBLIK

Entwurf der Arbeitsgruppe "Neue Verfassung der DDR"

des Runden Tisches

ii

Arbeitsgruppe "Neue Verfassung der DDR" des Runden Tisches

<u>Korrekturen an dem Entwurfstext nach der Vervielfältigung</u>

Die Korrekturen sind durch Unterstreichungen gekennzeichnet

Artikel 23

(1) Das Gemeinwesen achtet das Alter. Es respektiert Behinderung.

(2) Jeder Bürger hat das Recht auf soziale Sicherung gegen die Folgen von
     Krankheit, Unfall, Invalidität, Behinderung, Pflegebedürftigkeit, Alter
     und Arbeitslosigkeit.

(3) Das Recht wird durch <u>öffentlich-rechtliche Versicherungssysteme</u>
     gewährleistet, an dem teilzunehmen jeder berechtigt und verpflichtet
     ist. Bestandteile der Versicherungssysteme sind <u>mindestens</u> die Ar-
     beitslosenunterstützung und eine Altersrente für jeden.

(4) Bei besonderen Notlagen besteht ein Anspruch auf <u>Sozialfürsorge.</u>

(5) Soziale Sicherung und <u>Sozialfürsorge</u> haben das Ziel, eine gleichberech-
     tigte, eigenverantwortliche Lebensgestaltung zu ermöglichen. In Heimen
     stehen den Bewohnern Mitverantwortungs- und Mitentscheidungsrechte
     zu.

Artikel 24

(1) Jeder Bürger hat das Recht auf gleichen, unentgeltlichen Zugang zu
     den öffentlichen Bildungs- und Ausbildungseinrichtungen. <u>In dieses
     Recht kann nur durch Gesetz oder aufgrund eines Gesetzes eingegrif-
     fen werden.</u>

Artikel 44

(1) Durch Gesetz, das der Zustimmung der Länderkammer bedarf, können
     Hoheitsrechte auf zwischenstaatliche Einrichtungen, insbesondere
     auf gemeinsame Einrichtungen der deutschen Staaten übertragen
     werden. Artikel <u>134 Absätze 1 und 2</u> bleiben unberührt.

(2) Die Beschränkung von Hoheitsrechten zugunsten eines Systems
     kollektiver Sicherheit im Rahmen einer gesamteuropäischen Friedens-
     ordnung ist zulässig.

Artikel 79

(1) Der Präsident vertritt die Deutsche Demokratische Republik völker-
     rechtlich. <u>Er beglaubigt und empfängt die Chefs der diplomatischen
     Missionen.</u>

Zwischen Artikel 79 und 80 ist der folgende Artikel 79a einzufügen; in der
endgültigen Zählung wird er zu Artikel 80, die Zählung der folgenden

Artikel erhöht sich entsprechend um eine Ziffer:

Artikel 79a

Verträge mit auswärtigen Staaten und Verträge mit der Bundesrepublik
Deutschland, die sich auf Gegenstände beziehen, für die der Bund
die Gesetzgebungsbefugnis hat, bedürfen der Zustimmung der Volkskammer in der Form eines Gesetzes, soweit sie innerstaatliche Rechte
und Pflichten begründen sollen. Die Vorschriften dieser Verfassung
über die Mitwirkung der Länderkammer bleiben unberührt. Andere
Verträge bedürfen der Zustimmung der Volkskammer, soweit sie von
erheblicher Bedeutung für die Deutsche Demokratische Republik
sind.

Artikel 99

(1)   ...

(2)   ...

(3)   ...

(4)   Der Ministerpräsident unterbreitet das Volksbegehren zugleich mit einer
Stellungnahme der Regierung binnen eines Monats der Volkskammer.
Die Vertrauensleute sind zu den Beratungen der zuständigen Ausschüsse
der Volkskammer hinzuzuziehen und haben in ihnen das Rederecht.
Der Volksentscheid unterbleibt, wenn die Volkskammer die Gesetzesvorlage innerhalb einer Frist von drei Monaten nach Unterbreitung
unverändert oder in einer Fassung, der zwei Drittel der Vertrauensleute
zugestimmt haben, annimmt. Bei der Berichterstattung des Ausschusses
steht der Vertretung des Volksbegehrens das Rederecht zu. Im übrigen
ist der Volksentscheid binnen zehn Wochen nach Ablauf der in Satz 3
genannten Frist herbeizuführen. Den Trägern des Volksbehrens ist
innerhalb dieser Zeit in den öffentlich-rechtlichen Massenmedien
Gelegenheit zur Werbung für ihr Anliegen zu geben.

Artikel 107

(1)   ...

(2)   ...

(3)   Die Mitglieder des Vorstands der Staatsbank werden von dem beim
Präsidenten einzurichtenden Wahlausschuß gewählt. Diesem gehören
neben den Mitgliedern des Wahlausschusses nach Artikel 127 Absatz
3 fünf weitere Mitglieder nach Maßgabe des Einrichtungsgesetzes an.

Artikel 109

(1)   Die rechtsprechende Gewalt wird durch das Verfassungsgericht und
durch andere Gerichte des Bundes und der Länder für Straftaten
und zivil-, familien-, verwaltungs-, finanz-, arbeits- und sozialrechtliche
Streitigkeiten sowie durch gesellschaftliche Gerichte ausgeübt.

2

I. KAPITEL

MENSCHEN- UND BÜRGERRECHTE

1. Abschnitt

Würde, Gleichheit, Freiheit, Solidarität

Artikel 1

(1)   Die Würde des Menschen ist unantastbar. Sie zu achten und zu schützen
ist die oberste Pflicht des Staates.

(2)   Jeder schuldet jedem die Anerkennung als Gleicher. Niemand darf
wegen seiner Rasse, Abstammung, Nationalität, Sprache, seines
Geschlechts, seiner sexuellen Orientierung, seiner sozialen Stellung,
seines Alters, seiner Behinderung, seiner religiösen, weltanschaulichen oder politischen Überzeugung benachteiligt werden.

Artikel 2

(1)   Vor der öffentlichen Gewalt sind alle Menschen gleich. Jede Willkür
und jede sachwidrige Ungleichbehandlung ist untersagt.

Artikel 3

(1)   Frauen und Männer sind gleichberechtigt.

(2)   Der Staat ist verpflichtet, auf die Gleichstellung der Frau in Beruf
und öffentlichem Leben, in Bildung und Ausbildung, in der Familie
sowie im Bereich der sozialen Sicherung hinzuwirken.

Artikel 4

(1)   Jeder hat das Recht auf Leben, körperliche Unversehrtheit und Achtung
seiner Würde im Sterben. In das Recht auf körperliche Unversehrtheit
darf nur durch Gesetz eingegriffen werden.

(2)   Niemand darf grausamer, unmenschlicher oder erniedrigender Behandlung
oder Strafe und ohne seine freiwillige und ausdrückliche Zustimmung
medizinischen oder wissenschaftlichen Experimenten unterworfen
werden.

(3)   Frauen haben das Recht auf selbstbestimmte Schwangerschaft. Der
Staat schützt das ungeborene Leben durch das Angebot sozialer
Hilfen.

Artikel 5

Die allgemeine Handlungsfreiheit ist unter dem Vorbehalt des Gesetzes
gewährleistet.

1

Artikel 6

(1)   Das Recht auf Freizügigkeit, Ein- und Ausreise steht jedem Bürger und jedem Ausländer und Staatenlosen mit ständigem Wohnsitz zu.

(2)   Diese Rechte können zur Bekämpfung von Seuchen und Katastrophen durch Gesetz beschränkt werden. Zur Vermeidung besonderer Belastungen der Allgemeinheit bei der Sicherung einer ausreichenden Lebensgrundlage kann das Recht auf Freizügigkeit, zur Sicherung der Vollstreckung gerichtlicher Entscheidungen und Durchsetzung rechtlicher Verpflichtungen kann das Recht auf Ein- und Ausreise durch Gesetz beschränkt werden.

Artikel 7

(1)   Keinem Bürger darf die Staatsbürgerschaft entzogen noch darf er ausgewiesen oder ausgeliefert werden.

(2)   Ausländer dürfen in kein Land ausgeliefert oder ausgewiesen werden, in dem ihnen die Beeinträchtigung ihrer Menschenwürde oder die Todesstrafe droht.

(3)   Politisch Verfolgte genießen Asylrecht.

Artikel 8

(1)   Jeder hat Anspruch auf Achtung und Schutz seiner Persönlichkeit und Privatheit.

(2)   Jeder hat das Recht an seinen persönlichen Daten und auf Einsicht in ihn betreffende Akten und Dateien. Ohne freiwillige und ausdrückliche Zustimmung des Berechtigten dürfen persönliche Daten nicht erhoben, gespeichert, verwendet, verarbeitet oder weitergegeben werden. Beschränkungen dieses Rechtes bedürfen des Gesetzes und müssen dem Berechtigten zur Kenntnis gebracht werden.

Artikel 9

(1)   Die Wohnung ist unverletzlich.

(2)   Durchsuchungen können nur durch Gesetz zugelassen werden. Sie dürfen nur durch den Richter angeordnet werden. Das Gesetz kann vorsehen, daß sie beim Vorliegen einer gegenwärtigen erheblichen Gefahr und im Falle einer Verfolgung auf frischer Tat auch von anderen Amtsträgern angeordnet und durchgeführt werden können; sie unterliegen richterlicher Bestätigung.

(3)   Das Betreten der Wohnung ohne die Einwilligung des Inhabers ist nur zum Zwecke der Abwehr einer gemeinen Gefahr oder einer Gefahr für Leib und Leben einzelner Personen aufgrund Gesetzes zulässig.

(4)   Die Befugnis zum Betreten und zur Besichtigung von ausschließlich

2

35

betrieblich und geschäftlich genutzten Räumlichkeiten zur Vornahme
von Amtshandlungen ohne die Einwilligung des Inhabers bedarf einer
Ermächtigung durch Gesetz oder aufgrund eines Gesetzes.

Artikel 10

(1)   Das Brief-, Post- und Fernmeldegeheimnis ist unverletzlich.

(2)   Eingriffe sind nur durch Gesetz nach richterlicher Anordnung und
nur zum Zwecke der Bekämpfung schwerer organisierter Kriminalität
zulässig.

Artikel 11

(1)   Die Freiheit des Gewissens ist gewährleistet.

(2)   Widerstreitet das Gewissen staatsbürgerlichen oder bürgerlichen Pflichten,
so muß der Bürger, wenn er diese Pflichten nicht erfüllen will, andere
Leistungen anbieten und der Staat andere, gleichbelastende Pflichten
eröffnen.

Artikel 12

(1)   Jeder hat das Recht auf Freiheit und Sicherheit seiner Person. Freiheits-
beschränkungen dürfen nur insoweit erfolgen, als sie gesetzlich
vorgesehen und unumgänglich sind.

(2)   Jeder, dessen Freiheit eingeschränkt wird, muß unverzüglich über die
Gründe der Freiheitsbeschränkung unterrichtet werden. Personen,
deren Freiheit entzogen wird, müssen unverzüglich, spätestens aber
innerhalb von 24 Stunden, einem Richter vorgeführt werden. Der
Richter entscheidet über die durch Gesetz zugelassene Freiheitsentziehung in einer mit schriftlichen Gründen versehenen Form oder
ordnet die Freilassung an. Der Betroffene kann in angemessenen
Abständen eine richterliche Überprüfung der Fortdauer der Freiheitsentziehung verlangen. Über eine Freiheitsentziehung und vor jeder
richterlichen Entscheidung über deren Anordnung oder Fortdauer ist
eine Person des Vertrauens des Betroffenen zu benachrichtigen; ihm
ist Gelegenheit zu geben, mit einem Rechtsbeistand seiner Wahl
Verbindung aufzunehmen.

(3)   Festgehaltene Personen dürfen weder körperlich noch seelisch mißhandelt
und keinen Schikanen ausgesetzt werden.

(4)   Freiheitsstrafe und Strafvollzug sollen vornehmlich der gesellschaftlichen
Wiedereingliederung dienen. Im Strafvollzug ist die Auferlegung von
Arbeitspflichten zulässig.

(5)   Die Todesstrafe und die lebenslange Freiheitsstrafe sind abgeschafft.

(6)   Jede Person, deren Freiheit unrechtmäßig eingeschränkt worden ist,
hat Anspruch auf Schadensersatz.

3

Artikel 13

(1) Niemand darf seinem gesetzlichen Richter entzogen werden. Jeder
     hat Anspruch auf ein faires, zügiges und öffentliches Verfahren. Die
     Öffentlichkeit darf nur nach Maßgabe des Gesetzes durch Gerichts-
     beschluß ausgeschlossen werden.

(2) Die strafrechtliche Verantwortlichkeit wird durch Gesetz bestimmt.
     Strafgesetze haben keine rückwirkende Kraft. Jeder gilt bis zu seiner
     rechtskräftigen Verurteilung als nicht schuldig.

(3) Niemand darf für dieselbe Handlung mehrfach strafrechtlich zur
     Verantwortung gezogen werden. Jeder Verurteilte hat einen Rechts-
     anspruch darauf, daß das gegen ihn ausgesprochene Urteil durch ein
     höheres Gericht überprüft wird.

(4) Im Verfahren der strafrechtlichen Verfolgung hat jeder einen Rechts-
     anspruch auf folgende Garantien, über die er in geeigneter Weise zu
     belehren ist:

     1) Er muß unverzüglich in einer Sprache, die er versteht, über die
         gegen ihn erhobenen Beschuldigungen unterrichtet werden.

     2) Ihm ist Gelegenheit zu geben, bei der gerichtlichen Verhandlung
         anwesend zu sein und sich selbst oder durch einen Verteidiger
         seiner Wahl zu verteidigen. Es muß ihm, wenn die Sache es
         verlangt, ein Verteidiger zugewiesen werden; bei Bedürftigkeit
         geschieht das unentgeltlich. Eine angemessene Vorbereitung der
         Verteidigung ist zu gewährleisten.

     3) Er kann unter den gleichen Bedingungen wie die Anklage das
         Erscheinen von Sachverständigen und Zeugen sowie die Vorlage
         von Beweismitteln verlangen und Zeugen und Sachverständige
         befragen.

Artikel 14

(1) Niemand darf verpflichtet werden, andere Personen wegen begangener
     oder drohender Straftaten anzuzeigen. Für drohende schwere Straftaten
     kann das Gesetz Ausnahmen vorsehen.

(2) Niemand darf gezwungen werden, gegen sich selbst oder durch Gesetz
     bestimmte nahestehende Personen auszusagen.

(3) Für die Angehörigen von Heilberufen, rechtsberatender Berufe, sozialer
     Dienste sowie für Seelsorger ist durch Gesetz ein Zeugnisverweigerungs-
     recht vorzusehen. In die hierdurch geschützte Vertraulichkeit von
     Informationen darf in keiner Weise eingegriffen werden.

Artikel 15

(1) Jeder hat das Recht, Informationen und Meinungen in jeder Form
     frei zu bekunden und zu verbreiten und sich aus allgemein zugänglichen

4

oder anderen, rechtmäßig erschließbaren Quellen zu unterrichten.
Die Geltung dieser Rechte in Dienst- und Arbeitsverhältnissen darf
nur durch Gesetz oder aufgrund eines Gesetzes eingeschränkt werden.

(2)   Die Freiheit der Presse, des Rundfunks und anderer Massenmedien ist
gewährleistet. Das Gesetz hat durch Verfahrensregelungen sicherzustellen,
daß die Vielfalt der in der Gesellschaft vorhandenen Meinungen in
Presse, Hörfunk und Fernsehen zum Ausdruck kommen kann.

(3)   Diese Rechte finden ihre Schranken in Gesetzen, die die Freiheit
der Meinung und der Unterrichtung nicht wegen deren geistigen
Inhalts oder geistiger Wirkung beschränken dürfen. Gesetzliche
Einschränkungen zum Schutze der Jugend und der Ehre sind zulässig.
Kriegspropaganda sowie die öffentliche Bekundung von menschenwür-
deverletzender Diskriminierung sind durch Gesetz zu verbieten.

(4)   Die vorhandenen Hörfunk- und Fernsehsender sind als selbständige
öffentlich-rechtliche Anstalten zu errichten. Sie haben die Aufgabe,
durch das Angebot einer Vielfalt von Programmen zur öffentlichen
Meinungsbildung beizutragen. Die Regelung ihrer inneren Ordnung
erfolgt durch Gesetz. Die Zulassung privater Hörfunk- und Fernsehsender
darf nur durch Gesetz und nur dann erfolgen, wenn dadurch die
Erfüllung der Aufgabe der öffentlich-rechtlichen Anstalten nicht
beeinträchtigt wird.

(5)   Rechtmäßige journalistische Tätigkeit darf durch Zeugnispflicht,
Beschlagnahme und Durchsuchung nicht behindert werden.

(6)   Zensur ist verboten.

Artikel 16

(1)   Jeder hat das Recht, sich ohne Anmeldung oder Erlaubnis friedlich
zu versammeln.

(2)   Für Versammlungen oder Umzüge unter freiem Himmel kann dieses
Recht nur aufgrund dringender Erfordernisse der öffentlichen Sicherheit
und nur durch Gesetz beschränkt werden.

Artikel 17

Jeder hat das Recht, Vereinigungen zu bilden, ihnen beizutreten und
sich in ihnen den Vereinszwecken gemäß zu betätigen.

Artikel 18

(1)   Jeder hat das Recht, sich zu einer Religion oder Weltanschauung zu
bekennen und sie allein oder mit anderen öffentlich oder privat zu
bekunden. Dem Bedürfnis nach Gottesdienst und Seelsorge in öffentlichen
Einrichtungen ist stattzugeben. Es darf keinerlei Zwang auf die
Freiheit der Wahl oder Ausübung einer Religion oder Weltanschauung
stattfinden.

5

(2)   Die Erziehungsberechtigten sind frei, die religiöse und weltanschauliche
Bildung ihrer Kinder entsprechend ihren Überzeugungen zu gewährleisten.

Artikel 19

(1)   Die Wissenschaft ist frei. Der Staat sichert die Ausübung der Freiheit
von Forschung und Lehre.

(2)   Durch Gesetz kann die Zulässigkeit von Mitteln oder Methoden der
Forschung beschränkt werden. Es kann Informationspflichten in
bezug auf besonders risikobehaftete Forschungen vorsehen.

(3)   Die staatlich geförderten Universitäten pflegen die Wissenschaften in
Forschung, Lehre und Ausbildung. Sie sind Körperschaften des öffentlichen Rechts und verfügen im Rahmen des Gesetzes in allen akademi-
schen Angelegenheiten über das Recht der Selbstverwaltung.

(4)   Die geistige Arbeit, das Recht der Urheber und der Erfinder genießen
den Schutz des Staates.

Artikel 20

(1)   Die Kunst ist frei.

(2)   Das kulturelle Leben sowie die Bewahrung und Vermittlung des
kulturellen Erbes werden gefördert. In den Haushalten von Bund,
Ländern und den Trägern der Kommunalautonomie sind die dafür
erforderlichen Mittel vorzusehen.

Artikel 21

(1)   Jeder Bürger hat das gleiche Recht auf politische Mitgestaltung. Die
Verfassung und die Gesetze gestalten aus, wie das Recht unmittelbar
oder durch frei gewählte Vertreter ausgeübt wird.

(2)   Jeder Bürger hat mit vollendetem 18. Lebensjahr das Recht, an
allgemeinen, gleichen, freien, geheimen und direkten Wahlen zur
Volkskammer, zu den Landtagen und den Kommunalvertretungen
teilzunehmen und in sie gewählt zu werden. Ausländer und Staatenlose
mit ständigem Wohnsitz haben Wahlrecht auf kommunaler Ebene.

(3)   Jeder Bürger hat den gleichen Zugang zu öffentlichen Ämtern. Das
gleiche Recht steht für die kommunale Ebene den in Absatz 2 Satz 2
genannten Personen zu. Die Rechtsstellung der Angehörigen des
öffentlichen Dienstes, die hoheitliche Befugnisse ausüben (Beamte),
ist gemäß den Funktionsanforderungen einer bürgernahen Verwaltung
durch Gesetz zu regeln.

(4)   Jeder, dessen Rechte und Belange durch die öffentliche Planung von
Vorhaben, insbesondere von Verkehrswegen und -anlagen, Energieanlagen,
Produktionsstätten und Großbauten betroffen werden, hat das Recht
auf Verfahrensbeteiligung. Dasselbe Recht haben Zusammenschlüsse

6

von Betroffenen.

(5) Jeder hat das Recht, sich einzeln und in Gemeinschaft mit anderen
mit Anregung, Kritik und Beschwerde an jede staatliche Stelle zu
wenden. Es besteht Anspruch auf Gehör und begründeten Bescheid
in angemessener Frist.

Artikel 22

(1) Die Familie ist durch den Staat zu schützen und zu fördern.

(2) Andere Lebensgemeinschaften, die auf Dauer angelegt sind, haben
Anspruch auf Schutz vor Diskriminierung.

(3) Eltern haben das Recht und die Pflicht zur Erziehung ihrer Kinder.
Wer Kinder erzieht, hat Anspruch auf angemessene staatliche Hilfen
und gesellschaftliche Rücksichtnahme. Der Staat fördert die Möglichkeit
der Erwerbstätigkeit und der beruflichen Bildung Erziehender, insbesondere durch Arbeitszeitregelungen.

(4) Kindern ist durch Gesetz eine Rechtsstellung einzuräumen, die ihrer
wachsenden Einsichtsfähigkeit durch die Anerkennung zunehmender
Selbständigkeit gerecht wird.

(5) Kinder genießen staatlichen Schutz vor körperlicher und seelischer
Vernachlässigung und Mißhandlung. Kinderarbeit ist verboten.

Artikel 23

(1) Das Gemeinwesen achtet das Alter. Es respektiert Behinderung.

(2) Jeder Bürger hat das Recht auf soziale Sicherung gegen die Folgen von
Krankheit, Unfall, Invalidität, Behinderung, Pflegebedürftigkeit, Alter
und Arbeitslosigkeit.

(3) Das Recht wird durch ein öffentliches Versicherungssystem gewährleistet,
an dem teilzunehmen jeder berechtigt und verpflichtet ist. Bestandteile
des Versicherungssystems sind Arbeitslosenunterstützung und eine
Altersrente für jeden. Träger der Krankenversicherung sind die Kreise.

(4) Bei besonderen Notlagen besteht ein Anspruch auf soziale Hilfe.

(5) Soziale Sicherung und soziale Hilfe haben das Ziel, eine gleichberechtigte, eigenverantwortliche Lebensgestaltung zu ermöglichen. In Heimen
stehen den Bewohnern Mitverantwortungs- und Mitentscheidungsrechte
zu.

Artikel 24

(1) Jeder Bürger hat das Recht auf gleichen, unentgeltlichen Zugang zu
den öffentlichen Bildungs- und Ausbildungseinrichtungen.

(2) Es besteht eine mindestens zehnjährige allgemeine Schulpflicht. Die

7

Schule hat die Fähigkeiten und Begabungen der Schüler zu fördern.
Das Schulwesen muß die Offenheit und Durchlässigkeit der Bildungsgänge
gewährleisten.

(3)   Der Staat fördert die Einrichtung und Unterhaltung von Kinderkrippen
und Kindergärten sowie Schulhorten.

(4)   Für den Schulbesuch können andere als staatliche Schulen gewählt
werden, die vom Gesetz festgelegten Mindestnormen entsprechen.
Die Einrichtung von Privatschulen darf nicht zur Sonderung der Schüler
nach den Einkommensverhältnissen der Eltern führen. Die Privatschulen
haben Anspruch auf öffentliche Finanzierung, soweit dadurch der
Vorrang des öffentlichen Schulwesens nicht gefährdet wird.

(5)   Schüler und Studenten haben Anspruch auf staatliche Ausbildungsför-
derung nach Maßgabe des Gesetzes.

Artikel 25

(1)   Jeder Bürger hat das Recht auf angemessenen Wohnraum. Es ist ein
gesetzlicher Kündigungsschutz vorzusehen. Bei der Abwägung der
Interessen des Nutzers und des Eigentümers der Wohnung ist der
überragenden Bedeutung der Wohnung für die Führung eines menschenwürdigen Lebens besonderes Gewicht beizumessen. Eine Räumung darf
nur vollzogen werden, wenn Ersatz zur Verfügung steht.

(2)   Der soziale Wohnungsbau und die Wohnungserhaltung sind staatlich
zu fördern. Der Staat ist besonders zur Förderung alters- und behinder-
tengerechten Wohnraums verpflichtet.

2. Abschnitt

Arbeit, Wirtschaft, Umwelt

Artikel 26

Jeder hat das Recht, seinen Beruf frei zu wählen und auszuüben. In
diese Freiheit kann nur durch Gesetz oder aufgrund eines Gesetzes
eingegriffen werden.

Artikel 27

(1)   Jeder Bürger hat das Recht auf Arbeit oder Arbeitsförderung.

(2)   Das Recht jedes Bürgers, über seine Arbeitskraft frei zu verfügen
und seinen Arbeitsplatz frei zu wählen, ist gewährleistet. Öffentliche
Arbeits- und Dienstpflichten sind nur für besondere, durch Gesetz
festgelegte Zwecke zulässig. Sie müssen für alle gleich sein. Frauen
dürfen nur zur Abwendung aktueller Notlagen zu einer öffentlichen
Dienstleistung verpflichtet werden. Die Wehrpflicht ist abgeschafft.

(3)   Der Staat schützt die Arbeitskraft durch gesetzliche Regelungen über

8

die Arbeitssicherheit, die Arbeitshygiene und die Begrenzung der
Arbeitszeit. Er fördert das Recht des einzelnen, seine Arbeitskraft
zur Führung eines menschenwürdigen Lebens zu verwenden. Er hat in
seiner Wirtschaftspolitik dem Ziel der Vollbeschäftigung in der Regel
Vorrang einzuräumen. Jeder Bürger hat im Falle von Arbeitslosigkeit
oder drohender Arbeitslosigkeit ein Recht auf öffentlich finanzierte
Maßnahmen der Arbeitsförderung, insbesondere der beruflichen
Weiterbildung oder Umschulung.

(4)   Für gleiche Arbeit besteht ein Anspruch auf gleichen Lohn.

(5)   Lehrlinge, Schwangere, Alleinerziehende, Kranke, Werktätige mit
       Behinderung und ältere Werktätige genießen erweiterten Kündigungs-
       schutz.

Artikel 28

Jeder in einem Betrieb oder Unternehmen beschäftigte Werktätige
hat das Recht, durch Vertretungsorgane in den wirtschaftlichen,
sozialen und personellen Angelegenheiten des Betriebes und auch
des Unternehmens mitzubestimmen, falls dieses aufgrund der Zahl seiner
Beschäftigten, seiner Marktstellung oder anderer Merkmale eine
besondere Bedeutung für das Gemeinwesen hat. Das Nähere regelt
das Gesetz.

Artikel 29

(1)   Das Eigentum und das Erbrecht werden gewährleistet. Formen, Inhalt
       und Umfang werden durch die Gesetze bestimmt. Eigentum ist sozial-
       pflichtig.

(2)   Das persönlich genutzte und das genossenschaftliche Eigentum sowie
       die aufgrund eigener Leistung erworbenen Rentenansprüche und   –
       anwartschaften stehen unter dem besonderen Schutz der Verfassung.
       Der Erwerb von persönlichem Eigentum an Wohnungen und Wohngrund-
       stücken und die Bildung genossenschaftlichen Eigentums werden
       gefördert.

(3)   Die hoheitliche Übertragung des Eigentums oder einzelner Eigen-
       tumsrechte auf einen Dritten aus Gründen des Allgemeinwohls (Enteig-
       nung) ist zulässig. Die Enteignung persönlich genutzten Eigentums
       ist nur aus dringenden Gründen des Allgemeinwohls zulässig. Enteignun-
       gen dürfen nur durch Gesetz oder aufgrund eines Gesetzes erfolgen,
       das Art und Ausmaß der Entschädigung regelt. Werden bestehende
       Eigentumsrechte durch Gesetz oder aufgrund eines Gesetzes umgestaltet
       und wird dem Eigentümer dadurch ein schwerwiegender vermögenswerter
       Nachteil auferlegt (Sonderopfer), so ist ein Opferausgleich vorzusehen.
       Entschädigung und Opferausgleich sind unter gerechter Abwägung der
       Interessen der Allgemeinheit und der Beteiligten zu bestimmen; nur
       soweit persönlich genutztes Eigentum betroffen ist, ist der Wertverlust
       voll auszugleichen. Dem persönlich genutzten Eigentum steht das
       genossenschaftliche Eigentum gleich.

9

Die Bildung von Kartellen und marktbeherrschenden Unternehmen ist
unzulässig. Ausnahmen sind nur auf gesetzlicher Grundlage im Interesse
der Sicherung gefährdeter Arbeitsplätze, der Förderung struktur-
schwacher Regionen und der Erhaltung der internationalen Wettbewerbs-
fähigkeit möglich.

Artikel 31

(1)   Boden und Wirtschaftsunternehmen können zum Zwecke der Ver-
      gesellschaftung durch ein Gesetz, das Art und Ausmaß der Entschä-
      digung regelt, in selbständige Unternehmen der Gemeinwirtschaft
      überführt werden. Für die Entschädigung gilt Art. 29 Abs. 3 Satz 5
      entsprechend.

(2)   Der Staat und die Träger der Kommunalautonomie sind befugt, zur
      Erfüllung ihrer Aufgaben am Wirtschaftsleben teilzunehmen.

(3)   Aus Gründen der zuverlässigen und umfassenden Versorgung der
      Bevölkerung mit Gütern und Dienstleistungen sowie aus wichtigen
      ordnungspolitischen Gründen können durch Gesetz oder aufgrund
      eines Gesetzes Monopole der öffentlichen Hand geschaffen werden.

Artikel 32

(1)   Die Nutzung des Bodens und der Gewässer ist in besonderem Maße
      den Interessen der Allgemeinheit und künftiger Generationen verpflichtet.
      Ihre Verkehrsfähigkeit kann durch Gesetz beschränkt werden. Die
      Nutzung von Grund und Boden ist nur im Rahmen einer Flächennut-
      zungsplanung zulässig. Das Eigentum und die Nutzung von land- und
      forstwirtschaftlichen Flächen, die einhundert Hektar übersteigen, ist
      genossenschaftlichen und öffentlichen Einrichtungen und den Kirchen
      vorbehalten. Die Veräußerung von Grund und Boden und die Überlas-
      sung von Nutzungsrechten an Ausländer bedürfen der Genehmigung.

(2)   Steigert sich der Wert von Boden aufgrund seiner planerischen
      Umwandlung in Bauland, so steht den Trägern der Kommunalautonomie
      ein Ausgleich für die Wertsteigerung zu. Dieser Planungswertausgleich
      wird in der Regel durch die entschädigungslose Abgabe eines Anteils
      des beplanten Bodens erbracht. Der Anteil entspricht dem Maß der
      Wertsteigerung, darf aber die Hälfte des Bodens nicht übersteigen.

(3)   Der Abbau von Bodenschätzen bedarf der staatlichen Genehmigung.
      Dabei ist dem öffentlichen Interesse an der schonenden Nutzung des
      Bodens besonderes Gewicht beizumessen.

Artikel 33

(1)   Der Schutz der natürlichen Umwelt als Lebensgrundlage gegenwär-
      tiger und künftiger Generationen ist Pflicht des Staates und aller
      Bürger. Die staatliche Umweltpolitik hat Vorsorge gegen das Entstehen
      schädlicher Umwelteinwirkungen zu treffen sowie auf den sparsamen

10

Gebrauch und die Wiederverwendung nichterneuerbarer Rohstoffe und
die sparsame Nutzung von Energie hinzuwirken.

(2) Eine schwere Beeinträchtigung oder Gefährdung der natürlichen
Umwelt darf nur in dem Umfang zugelassen werden, als dies zum
Schutz überragend wichtiger Interessen der Allgemeinheit unerläßlich
ist.

(3) Niemand darf durch nachteilige Veränderungen der natürlichen
Lebensgrundlagen in seiner Gesundheit verletzt oder unzumutbar
gefährdet werden. Jedermann kann mit der Behauptung, durch nachteilige
Veränderungen der natürlichen Umwelt in seinem Recht auf Leben
und körperliche Unversehrtheit gefährdet oder verletzt zu sein, die
Offenlegung der Daten über den Stand der Umweltbeschaffenheit
seines Lebenskreises verlangen. Die Verbandsklage ist zulässig.

(4) Wer Umweltschäden verursacht, haftet und ist für Ausgleichsmaßnahmen
verantwortlich.

(5) Der Staat und die Träger der Kommunalautonomie sind verpflichtet,
der Allgemeinheit die Zugänge zu Bergen, Wäldern, Feldern, Seen und
Flüssen freizuhalten und gegebenenfalls durch Einschränkungen des
Eigentumsrechts freizumachen.

3. Abschnitt

Rechte der Sorben

Artikel 34

(1) Der Staat achtet und fördert die Interessen der Sorben. Er gewährleistet
und schützt ihr Recht auf den Gebrauch und die Pflege ihrer Sprache,
Kultur und Traditionen. Er unterhält oder unterstützt die dazu erforderlichen Einrichtungen, insbesondere im Sozial- und Bildungswesen. Die
Sorben haben das Recht, ihre Muttersprache vor den Verwaltungsbe-
hörden und den Gerichten zu gebrauchen. In der Landes- und Regional-
planung sind die Lebensbedürfnisse der Sorben besonders zu berücksichtigen.

(2) Durch Gesetz können Autonomierechte eingeräumt werden.

4. Abschnitt

Gesellschaftliche Gruppen und Verbände

Artikel 35

(1) Vereinigungen, die sich öffentlichen Aufgaben widmen und dabei auf
die öffentliche Meinungsbildung einwirken (Bürgerbewegungen), genießen
als Träger freier gesellschaftlicher Gestaltung, Kritik und Kontrolle den
besonderen Schutz der Verfassung.

11

(2) Bürgerbewegungen, deren Tätigkeit sich auf den Bereich eines Landes
     oder des Bundes erstreckt, haben das Recht des Vorbringens und der
     sachlichen Behandlung ihrer Anliegen in den zuständigen Ausschüs-
     sen der Volkskammer oder der Landtage. Sie haben, soweit die
     Persönlichkeit und die Privatheit Dritter nicht verletzt werden, nach
     Abwägung entgegenstehender öffentlicher Interessen Anspruch auf
     Zugang zu den bei den Trägern öffentlicher Verwaltung vorhandenen
     Informationen, die ihre Anliegen betreffen.

Artikel 36

(1) Die Freiheit der Vereinigungen ist gewährleistet. Sie haben das Recht,
     ihre innere Ordnung frei und selbständig zu bestimmen.

(2) Die innere Ordnung von Verbänden muß demokratischen Grundsätzen
     entsprechen, sofern sie überwiegend die Interessen ihrer Mitglieder
     in der Öffentlichkeit vertreten oder an der Erfüllung staatlicher oder
     überwiegend staatlich finanzierter öffentlicher Aufgaben mitwirken.
     Das Gleiche gilt für Verbände, die in ihrem Wirkungsbereich keinem
     wesentlichen Wettbewerb ausgesetzt sind. Im Rahmen des Verbandszwecks
     haben die Mitglieder das Recht auf die ungehinderte Ausübung der
     Meinungs- und Versammlungsfreiheit und auf die Freiheit der Gruppenbil-
     dung. Die gleichberechtigte Teilnahme an der innerverbandlichen
     Willensbildung ist gewährleistet.

(3) Verbände im Sinne des Absatz 2 Satz 2 dürfen die Mitgliedschaft nicht
     aus sachwidrigen Gründen verwehren.

(4) Das Gesetz kann vorsehen, daß Vereinigungen, die nach ihrem Zweck
     oder ihrer Tätigkeit gegen die Strafgesetze verstoßen, Beschränkungen
     unterworfen oder verboten werden.

Artikel 37

(1) Die Freiheit der Parteien, gleichberechtigt an der politischen Willensbil-
     dung in der Gesellschaft mitzuwirken, ist gewährleistet.

(2) Ihre innere Ordnung muß demokratischen Grundsätzen entsprechen.
     Die Mitglieder haben das Recht auf die ungehinderte Ausübung der
     Meinungs- und Versammlungsfreiheit im Rahmen des Parteiprogramms
     sowie auf gleichberechtigte Teilnahme an der innerparteilichen
     Willensbildung.

(3) Die Parteien haben über ihre Finanzierung öffentlich Rechenschaft
     abzulegen. Die Wahlkampfkostenerstattung ist an eine gesonderte
     Entscheidung der wahlberechtigten Bürger gebunden (Bürgerbonus).
     Diese Regelungen gelten auch für Bürgerbewegungen, soweit sie sich
     an Wahlen zur Volkskammer oder zu den Landtagen beteiligen.

(4) Die Rechte von Parteien, die systematisch und nachhaltig in ihrer
     Programmatik die Menschenwürde angreifen oder in dieser Weise
     durch ihre Tätigkeit gegen die Grundsätze eines offenen und gewaltlosen
     politischen Willensbildungsprozesses verstoßen, können, sofern Gefahren
     für den politischen Willensbildungsprozeß anders nicht abgewendet

12

werden können, von einer Wahl ausgeschlossen oder verboten werden.
Die Entscheidungen sind dem Verfassungsgericht vorbehalten; ihre
Wirkung ist zeitlich zu begrenzen. Vor einer Entscheidung des Verfassungsgerichts ist keinerlei Benachteiligung der Partei oder ihrer
Mitglieder zulässig. Die bürgerlichen und staatsbürgerlichen Rechte
der Mitglieder werden auch durch die Entscheidungen des Verfassungsgerichts in keiner Weise berührt.

Artikel 38

(1) Die Freiheit der Kirchen und Religionsgemeinschaften ist gewährleistet.
Sie ordnen und verwalten ihre Angelegenheiten selbständig innerhalb
der Schranken der für alle geltenden Gesetze. Die Gleichwertigkeit
des sozialen Schutzes kirchlicher Arbeitnehmer mit den Garantien
aus dem allgemeinen Arbeits- und Sozialrecht ist zu gewährleisten.

(2) Kirchen und Religionsgemeinschaften wird auf Antrag die Rechtsstellung
einer Körperschaft des öffentlichen Rechts zuerkannt.

(3) Der Staat fördert und unterstützt nach Maßgabe von Vereinbarungen
die Kirchen und Religionsgemeinschaften, insbesondere in ihren sozialen
Tätigkeiten und bei der Wahrung ihres kulturellen Erbes. Der Staat
kann aufgrund von Vereinbarungen für Kirchen und Religionsgemeinschaften gegen Erstattung der Verwaltungskosten die Einziehung der
Mitgliedsbeiträge übernehmen.

Artikel 39

(1) Jedermann hat das Recht, Gewerkschaften zu bilden, ihnen beizutreten
und sich in ihnen den Gewerkschaftszwecken gemäß zu betätigen.
Abreden, die dieses Recht einschränken oder zu behindern suchen,
sind nichtig, hierauf gerichtete Maßnahmen sind rechtswidrig und
durch Gesetz mit Sanktionen zu belegen. Die Errichtung berufsständis-
cher öffentlich-rechtlicher Vereinigungen mit Zwangsmitgliedschaft
ist unzulässig.

(2) Die Freiheit und Unabhängigkeit der Gewerkschaften ist gewährleistet.
Sie haben das Recht des Zutritts zu den Betrieben. Das Nähere über
die gewerkschaftliche Tätigkeit in den Betrieben wird durch Gesetz
geregelt.

(3) Die Gewerkschaften müssen in tarifrechtlicher Hinsicht gegnerfrei sein.
Ihre innere Ordnung muß demokratischen Grundsätzen entsprechen. Das
Recht der Mitglieder auf die ungehinderte Ausübung der Meinungs-
und Versammlungsfreiheit, auf die Freiheit der Gruppenbildung sowie
auf gleichberechtigte Teilnahme an der innergewerkschaftlichen
Willensbildung ist zu gewährleisten.

(4) Gewerkschaften haben das Recht, über alle die Arbeits- und Lebens-
bedingungen der Werktätigen betreffenden Angelegenheiten betriebliche
oder überbetriebliche Kollektivverträge abzuschließen.

(5) Das Streikrecht der Gewerkschaften ist gewährleistet. Belegschaften
haben das Streikrecht nur bei innerbetrieblichen Konflikten, sofern

13

46

Einigungsbemühungen erfolglos geblieben sind. Bei Arbeitskämpfen ist
der Schadensersatz, nicht aber die Androhung und Erhebung von
Zwangsgeldern zur Durchsetzung gerichtlicher Entscheidungen ausgeschlossen. Der Lohnersatz bei mittelbar arbeitskampfbedingten
Produktionsausfällen ist Gemeinlast der sozialen Autonomie und wird
den Betrieben nach Maßgabe gesetzlicher Regelungen erstattet.

(6)   Eine das Arbeitsrechtsverhältnis beendende Aussperrung ist verboten.
In nicht bestreikten Betrieben ist jegliche Aussperrung verboten.

5. Abschnitt

Geltung

Artikel 40

(1)   Die Menschen- und Bürgerrechte dieser Verfassung binden Gesetzgebung,
vollziehende Gewalt, Rechtsprechung und, soweit die Verfassung
dies vorsieht, auch Dritte unmittelbar.

(2)   Soweit Menschen- und Bürgerrechte durch Gesetz oder aufgrund eines
Gesetzes eingeschränkt werden können, muß der Grundsatz der
Verhältnismäßigkeit gewahrt werden. Solche Beschränkungen dürfen
in keinem Falle den Wesensgehalt eines Menschen- und Bürgerrechts
antasten.

(3)   Die Menschen- und Bürgerrechte gelten auch für inländische juristische
Personen des privaten und öffentlichen Rechts, soweit sie ihrem
Wesen nach auf diese anwendbar sind.

(4)   Wird jemand in seinen Menschen- und Bürgerrechten verletzt, so
kann er sie auf dem Rechtsweg einklagen.

14

II. KAPITEL

GRUNDSÄTZE UND ORGANE DES STAATES

1. Abschnitt

Grundsätze

Artikel 41

(1)   Die Deutsche Demokratische Republik ist ein rechtsstaatlich verfaßter
demokratischer und sozialer Bundesstaat und besteht aus den Ländern.....
Sie bekennt sich zu dem Ziel der Schaffung einer gesamteuropäischen
Friedensordnung, welche die durch den Zweiten Weltkrieg in Deutschland
geschaffene Lage auf der Grundlage der Aussöhnung mit allen Völkern,
die von Deutschen unterdrückt und verfolgt wurden, überwindet. In
diesem Rahmen wird das deutsche Volk über die staatliche Gestaltung
Deutschlands selbst bestimmen.

(2)   Die Deutsche Demokratische Republik bekennt sich zu dem Ziel der
Herstellung der Einheit der beiden deutschen Staaten. Wird die Einheit
durch einen Beitritt zur Bundesrepublik Deutschland verwirklicht, so
sind die Voraussetzungen, unter denen das Grundgesetz der Bundesrepublik Deutschland für das gegenwärtige Hoheitsgebiet der Deutschen
Demokratischen Republik in Kraft gesetzt wird, durch Vereinbarung zu
regeln. Die Erfüllung der völkerrechtlichen und außenwirtschaftlichen
Verpflichtungen der Deutschen Demokratischen Republik muß sicherge-
stellt sein.

(3)   Die Vereinbarung bedarf zu ihrer Wirksamkeit der Zustimmung von
zwei Dritteln der Mitglieder der Volkskammer und der Bestätigung
in einem Volksentscheid.

Artikel 42

(1)   Träger der Staatsgewalt ist das Volk.

(2)   Die Gesetzgebung ist an die Normen der Verfassung, die vollziehende
Gewalt und die Rechtsprechung sind an die Verfassung sowie an Gesetz
und Recht gebunden.

(3)   Die allgemeinen Regeln des Völkerrechts sind unmittelbar geltendes
Bundesrecht.

Artikel 43

Die Staatsflagge der Deutschen Demokratischen Republik trägt die
Farben schwarz-rot-gold. Das Wappen des Staates ist die Darstellung
des Mottos "Schwerter zu Pflugscharen".

Artikel 44

(1)   Durch Gesetz, das der Zustimmung der Länderkammer bedarf, können
Hoheitsrechte auf zwischenstaatliche Einrichtungen, insbesondere

auf gemeinsame Einrichtungen der deutschen Staaten übertragen
werden. Artikel 41 Absätze 2 und 3 bleiben unberührt.

(2) Die Beschränkung von Hoheitsrechten zugunsten eines Systems
kollektiver Sicherheit im Rahmen einer gesamteuropäischen Friedensordnung ist zulässig.

Artikel 45

(1) Die Deutsche Demokratische Republik fördert alle auf eine ausgewogene
Abrüstung gerichteten Bestrebungen und Maßnahmen.

(2) Die Vorbereitung oder Führung eines Angriffskrieges ist verboten.

(3) Waffen dürfen nur mit Genehmigung der Regierung hergestellt, befördert
und in Verkehr gebracht werden. Sie dürfen nur in Staaten exportiert
werden, die dem gleichen System kollektiver Sicherheit angehören.

2. Abschnitt

Staatshaftung

Artikel 46

Für Schäden, die einem Dritten durch rechtswidriges Handeln oder
Unterlassen von Mitarbeitern eines Trägers öffentlicher Gewalt in
Wahrnehmung dienstlicher Pflichten zugefügt werden, haftet derjenige
Hoheitsträger, dessen Mitarbeiter den Schaden verursacht hat. Das
Nähere regelt das Gesetz.

3. Abschnitt

Der Bund, die Länder und die Kommunalautonomie

Artikel 47

(1) Die verfassungsmäßige Ordnung in den Ländern muß den Grundsätzen
des demokratischen und sozialen Rechtsstaates entsprechen.

(2) Den Ländern steht die Wahrnehmung der staatlichen Aufgaben zu,
soweit sie nicht durch diese Verfassung dem Bund oder den Trägern
der Kommunalautonomie zugewiesen sind.

Artikel 48

(1) Bundesrecht bricht Landesrecht.

(2) Verletzt ein Land die ihm nach der Verfassung oder einem anderen
Gesetz des Bundes obliegenden Pflichten, so kann die Regierung mit
Zustimmung der Länderkammer die notwendigen Maßnahmen treffen,

16

um das Land zur Erfüllung seiner Pflichten anzuhalten. Die Regierung
oder ihre Beauftragten haben dazu das Weisungsrecht gegenüber dem
Land und seinen Behörden.

(3) Die innerhalb des Bundes geübte Rechts- und Amtshilfe wird auch
den Ländern, die innerhalb eines Landes geübte Rechts- und Amtshilfe
wird auch anderen Ländern und dem Bund gewährt.

Artikel 49

(1) Die Pflege der Beziehungen zu auswärtigen Staaten und zur Bundesrepublik Deutschland ist Sache des Bundes.

(2) Verträge und Vereinbarungen mit auswärtigen Staaten oder mit der
Bundesrepublik Deutschland, die die Zuständigkeiten der Länder
berühren, bedürfen der Zustimmung der Länderkammer. Vor dem
Abschluß eines Vertrages oder einer Vereinbarung, die die besonderen
Verhältnisse eines Landes berühren, ist das Einvernehmen mit dem
betroffenen Land herbeizuführen. Kommt eine Einigung nicht zustande,
so entscheidet die Länderkammer.

(3) Soweit die Länder die ausschließliche Gesetzgebungskompetenz haben,
können sie mit auswärtigen Staaten, der Bundesrepublik Deutschland
und deren Ländern Verträge schließen und Vereinbarungen treffen.
Das Benehmen mit der Regierung des Bundes ist herzustellen.

Artikel 50

(1) Das Recht der Träger der Kommunalautonomie, die Angelegenheiten
der örtlichen Gemeinschaft im Rahmen der Gesetze in eigener
Verantwortung zu regeln und zu verwalten, ist gewährleistet. Es
schließt die Satzungs-, Organisations-, Personal-, Planungs- und
Finanzhoheit ein.

(2) Die Träger der Kommunalautonomie sind durch einen Finanzausgleich
in die Lage zu versetzen, ihre Aufgaben zu erfüllen. Aufgaben dürfen
ihnen nur durch Gesetz und nur dann entzogen werden, wenn sie zu
ihrer Erfüllung außerstande sind.

(3) In die Verantwortung der Träger der Kommunalautonomie fallen

1. die örtliche Verkehrs- und Bauleitplanung;
2. der örtliche Nahverkehr;
3. die örtliche Wohnraumbeschaffung und Wohnraumverwaltung;
4. die Sozialhilfe;
5. die medizinische Grundversorgung einschließlich der Krankenversicherung;
6. die Einrichtungen der Kinderbetreuung;
7. die Altenbetreuung;
8. die Daseinsvorsorge für Menschen mit Behinderung;
9. die Einrichtungen des Bildungswesens mit Ausnahme der Hoch-
   und Fachschulen;
10. die Kultur-, Jugend-, und Breitensportförderung einschließlich
    ihrer Einrichtungen;
11. die Schaffung und Erhaltung von Naherholungsgebieten und
    Freizeiteinrichtungen;
12. die Wahrung der öffentlichen Sicherheit durch örtliche Polizei-
    behörden;

17

13. die Förderung der örtlichen Wirtschaftsstruktur;
14. die Bauaufsicht, insbesondere die Erteilung von Baugenehmigungen;
15. die Vermeidung, Verwertung und Beseitung von Hausmüll und
    Abwässern;
16. die Förderung von Städte- und Gemeindepartnerschaften.

(4)   Soweit andere Aufgaben bisher von den Kreisen, Städten und Gemeinden
wahrgenommen wurden, werden sie von den Trägern der Kommunalautonomie als Selbstverwaltungs- oder als Auftragsangelegenheiten
wahrgenommen. Durch Gesetz können weitere Aufgaben übertragen
werden.

(5)   Die Länder üben in den Angelegenheiten der Kommunalautonomie
die Rechtsaufsicht, im übrigen die Fachaufsicht aus.

4. Abschnitt

Die Volkskammer

Artikel 51

(1)   Die Volkskammer ist das oberste Organ der Staatswillensbildung. Sie
hat die Aufgabe der Gesetzgebung, der Kontrolle der Regierung und
Verwaltung, der Verabschiedung des Staatshaushalts, der Wahl des
Ministerpräsidenten, der Bestätigung des Regierungsprogramms und
der Ratifikation völkerrechtlicher Verträge. Sie nimmt alle Aufgaben
und Befugnisse des Bundes wahr, soweit sie von dieser Verfassung
nicht anderen Organen ausdrücklich vorbehalten sind.

(2)   Die Opposition ist ein notwendiger Bestandteil der parlamentarischen
Demokratie. Sie steht der Regierungsmehrheit als Alternative gegenüber
und hat das Recht auf Chancengleichheit.

Artikel 52

(1)   Die Volkskammer besteht aus 400 Abgeordneten. Der Volkskammer
können der Präsident der Republik, die Mitglieder des Verfassungs-
gerichtshofes, die Mitglieder des Rechnungshofes, die Mitglieder der
Staatsbank und der Datenschutzbeauftragte nicht angehören.

(2)   Die Abgeordneten sind Vertreter des ganzen Volkes und an Aufträge
und Weisungen nicht gebunden. Niemand kann einen Abgeordneten
zwingen, gegen seine Überzeugung zu entscheiden.

(3)   Die Abgeordneten haben das Recht, in der Volkskammer oder deren
Ausschüssen das Wort zu ergreifen, Fragen und Anträge zu stellen
sowie bei Wahlen und Beschlüssen ihre Stimme abzugeben. Die
Geschäftsordnung gewährleistet das Rederecht nicht fraktionsgebundener
Abgeordneter und deren Mitwirkung in den Ausschüssen.

(4)   Dem Abgeordneten stehen eine seine Unabhängigkeit sichernde
Vergütung sowie Aufwandsentschädigung und die unentgeltliche
Benutzung öffentlicher Verkehrsmittel zu. Die Rechte der Abgeordneten
sind nicht übertragbar und nicht pfändbar.

18

(1)   Ein Abgeordneter darf zu keiner Zeit wegen seiner Abstimmung
       oder wegen einer Äußerung, die er in der Volkskammer oder in
       einem ihrer Ausschüsse getan hat, gerichtlich oder dienstlich verfolgt
       oder sonst zur Verantwortung gezogen werden.

(2)   Einem Abgeordneten darf für Äußerungen, die er in Ausübung des
       Rederechts macht, weder das Wort entzogen noch die Teilnahme an
       Sitzungen verwehrt werden. In anderen Fällen kann ein Ausschluß
       von der Sitzung nur mit einer Mehrheit von 3/4 der anwesenden
       Abgeordneten erfolgen. Der Ausschluß von der Sitzung darf nicht
       zum Ausschluß von einer Abstimmung führen.

(3)   Wegen einer mit Strafe bedrohten Handlung darf ein Abgeordneter nur
       mit Erlaubnis der Volkskammer verfolgt werden. Bei Festnahme
       und anderen Zwangsmaßnahmen der Strafverfolgung muß unverzüglich
       eine Entscheidung der Volkskammer herbeigeführt werden. Bis zur
       Entscheidung der Volkskammer nimmt deren Präsident die dem
       Ermittlungsrichter zustehenden Rechte wahr. Die Erlaubnis der
       Volkskammer ist auch bei jeder anderen Beschränkung der persönlichen
       Freiheit des Abgeordneten erforderlich.

(4)   Jedes Strafverfahren, jede Freiheitsentziehung und jede sonstige
       Beschränkung der persönlichen Freiheit sind auf Verlangen der
       Volkskammer auszusetzen. Der Aussetzungsbeschluß gilt auch für die
       Zeit zwischen den Wahlperioden bis zu seiner Aufhebung.

(5)   Die Abgeordneten sind berechtigt, das Zeugnis zu verweigern. Auch
       nach dem Ende des Mandats sind die Abgeordneten berechtigt, über
       Tatsachen und Personen, mit denen sie in ihrer Eigenschaft als
       Mandatsträger befaßt waren, das Zeugnis zu verweigern. Das Zeugnis-
       verweigerungsrecht erlischt nicht durch die Beendigung des Mandats.
       Soweit das Zeugnisverweigerungsrecht reicht, ist eine Beschlagnahme
       unzulässig.

Artikel   54

(1)   Wer sich um ein Mandat bewirbt, hat Anspruch auf den zur Vor-
       bereitung seiner Wahl erforderlichen Urlaub.

(2)   Niemand darf gehindert werden, ein Mandat zu übernehmen und
       auszuüben. Eine Kündigung oder Entlassung aus diesem Grunde ist
       unzulässig.

Artikel   55

(1)   Die Wahlperiode der Volkskammer endet vier Jahre nach dem ersten
       Zusammentritt oder mit der Auflösung. Die Neuwahl findet im letzten
       Vierteljahr der Wahlperiode statt, im Falle der Auflösung an dem
       Sonntag, der dem 49. Tag der Auflösung folgt.

(2)   Die Volkskammer tritt spätestens am 30. Tag nach der Wahl, jedoch
       nicht vor dem Ende der Wahlperiode des letzten Parlaments zusammen.

(3)   Die Volkskammer kann jederzeit mit der Mehrheit von zwei Dritteln

19

ihrer Mitglieder ihre Auflösung beschließen.

(4)   Die Volkskammer bestimmt den Schluß und den Wiederbeginn ihrer
Sitzungen. Der Präsident der Volkskammer kann sie früher einberufen.
Er ist hierzu verpflichtet, wenn eine Fünftel der Mitglieder, der
Präsident der Republik oder der Ministerpräsident es verlangen.

Artikel 56

(1)   Die Volkskammer gibt sich eine Geschäftsordnung und wählt ihren
Präsidenten, dessen Stellvertreter und die Schriftführer (Präsidium).
Organe der Volkskammer sind der Präsident, das Präsidium, der
Ältestenrat, die Ausschüsse und die Fraktionen.

(2)   Der Präsident führt die Geschäfte der Volkskammer. Er übt die
Ordnungsgewalt und das Hausrecht im Gebäude der Volkskammer
aus. Ohne seine Genehmigung darf in den Räumen der Volkskammer
keine Durchsuchung oder Beschlagnahme stattfinden.

(3)   Der Präsident verwaltet im Einvernehmen mit dem Präsidium die
gesamten wirtschaftlichen Angelegenheiten der Volkskammer und
stellt den Entwurf des Haushaltsplans der Volkskammer fest. Der
Präsident ist oberste Dienstbehörde der Beschäftigten der Volkskammer.
Zu ihrer Einstellung und Entlassung benötigt er die Zustimmung des
Präsidiums. Der Präsident vertritt die Volkskammer in allen Angelegenheiten nach innen und außen.

Artikel 57

(1)   Zusammenschlüsse von Abgeordneten haben die Stellung einer Fraktion,
wenn sie fünf Prozent der Zahl der Abgeordneten auf sich vereinen.
Die Geschäftsordnung kann einen geringeren Prozentsatz festlegen.

(2)   Die Fraktionen haben Sitz und Stimme in den Organen der Volkskammer. Bei der Verteilung der Redezeit darf die Opposition gegenüber
Mehrheit und Regierung nicht benachteiligt werden.

(3)   Die Arbeitsfähigkeit der Fraktionen und der einzelnen, auch der
fraktionslosen Abgeordneten ist zu gewährleisten. Hierzu gehören die
Einrichtung und technische Ausrüstung von Büros und die Finanzierung
von Mitarbeitern und des sachlichen Bedarfs.

Artikel 58

(1)   Die Wahlprüfung ist Sache der Volkskammer. Gegen die Entscheidung
der Volkskammer ist die Beschwerde beim Verfassungsgericht gegeben.

(2)   Das Mandat endet bei Verlust der Wählbarkeit oder bei Verzicht.
Ein Entzug des Mandats ist unzulässig.

Artikel 59

(1)   Die Volkskammer und ihre Ausschüsse verhandeln öffentlich. Die
Öffentlichkeit kann in der Volkskammer mit Zweidrittelmehrheit, in

den Ausschüssen mit der Mehrheit der Mitglieder ausgeschlossen
werden. Über den Antrag wird in nichtöffentlicher Sitzung zu entscheiden.

(2)   Die Volkskammer ist beschlußfähig, wenn mehr als die Hälfte ihrer
Mitglieder anwesend ist. Sie faßt ihre Beschlüsse mit der Mehrheit
der abgegebenen Stimmen, soweit diese Verfassung nichts anderes
bestimmt.

(3)   Die Berichterstattung über die öffentlichen Sitzungen der Volkskammer
und ihrer Ausschüsse und eine öffentlich zugängliche Dokumentation
über Verlauf und Ergebnis der Sitzungen werden gewährleistet.
Wahrheitsgetreue Berichte über die Sitzungen bleiben von jeder
Verantwortlichkeit frei.

Artikel 60

(1)   Die Volkskammer und ihre Ausschüsse können die Anwesenheit jedes
Mitgliedes der Regierung verlangen. Es muß der Volkskammer Rede
und Antwort stehen.

(2)   Die Mitglieder der Regierung und die Mitglieder der Länderkammer
haben Zutritt zu den Sitzungen der Volkskammer und ihrer Ausschüsse.
Den Mitgliedern der Regierung und der Länderkammer steht das
Rederecht zu. Der Ministerpräsident muß jederzeit gehört werden.

Artikel 61

(1)   Bei den Beratungen der Ausschüsse haben alle Fraktionen das Recht,
daß mindestens ein von ihnen benannter Sachverständiger gehört
wird.

(2)   Wer Gesetzesvorschläge unterbreitet, ist von den zuständigen Ausschüssen zu hören. Hierzu können Unterausschüsse gebildet werden.

Artikel 62

(1)   Die Volkskammer bestellt einen Ausschuß zur Behandlung von
Anregungen, Kritiken und Beschwerden. Der Vorsitzende des Ausschusses
ist zugleich der Bürgeranwalt.

(2)   Regierung und Verwaltung sind verpflichtet, dem Ausschuß auf
Verlangen Akten vorzulegen, Zutritt zu öffentlichen Einrichtungen
zu gewähren, alle erforderlichen Auskünfte zu erteilen und Amtshilfe
zu leisten.

Artikel 63

(1)   Die Volkskammer hat das Recht und auf Antrag einer Fraktion die
Pflicht, Untersuchungsausschüsse einzusetzen, die in öffentlicher
Verhandlung die Beweise erheben, die sie oder die Antragsteller für
sachdienlich halten. Die Öffentlichkeit kann mit der Mehrheit von
Zweidritteln der Mitglieder des Ausschusses ausgeschlossen werden.

21

(2)   Der Vorsitzende wird mit einer Mehrheit zwei Dritteln der Mitglieder
      des Untersuchungsausschusses gewählt. Er darf keiner der die Regierung
      bildenden Parteien oder Bürgerbewegungen angehören.

(3)   Auf die Beweiserhebung finden die Vorschriften der Strafprozeßordnung
      sinngemäß Anwendung. Auf Verlangens eines Fünftels der Mitglieder
      des Untersuchungsausschusses sind Regierung und Verwaltung verpflich-
      tet, ihren Bediensteten Aussagengenehmigungen zu erteilen. Gerichte
      und Verwaltungsbehörden haben Rechts- und Amtshilfe zu leisten.
      Das Brief-, Post- und Fernmeldegeheimnis bleibt unangetastet.

(4)   Der Untersuchungsbericht ist der richterlichen Erörterung entzogen.
      In der Würdigung des der Untersuchung zugrundeliegenden Sachverhalts
      sind die Gerichte frei.

Artikel 64

(1)   Die Volkskammer bestellt einen Ständigen Ausschuß, der die Rechte
      der Volkskammer gegenüber der Regierung zwischen zwei Wahlperioden
      wahrt.

(2)   Der Ständige Ausschuß hat auch die Rechte eines Untersuchungsaus-
      schusses, nicht aber das Recht, Gesetze zu beschließen, den Mini-
      sterpräsidenten zu wählen, ihn oder Minister abzuwählen oder den
      Präsidenten der Republik anzuklagen.

Artikel 65

(1)   Zum Schutz der Menschen- und Bürgerrechte und als Hilfsorgan der
      Volkskammer werden der Bürgeranwalt, ein Beauftragter für Fragen
      der Gleichstellung von Mann und Frau, ein Beauftragter für den
      Strafvollzug und ein Beauftragter für Ausländer bestellt. Sie werden
      von der Volkskammer auf die Dauer von sechs Jahren mit der Mehrheit
      von zwei Dritteln ihrer Mitglieder gewählt. Sie können mit derselben
      Mehrheit abgewählt werden. Einmalige Wiederwahl ist zulässig.

(2)   Die Beauftragten sind in der Ausübung ihres Amtes unabhängig und
      nur dem Gesetz unterworfen. Regierung und Verwaltung sind verpflich-
      tet, ihnen auf Verlangen Akten vorzulegen, Zutritt zu öffentlichen
      Einrichtungen zu gewähren, alle erforderlichen Auskünfte zu erteilen
      und Amtshilfe zu leisten.

(3)   Die Beauftragten erstatten der Volkskammer jährlich öffentlich
      Bericht. Die Volkskammer und ihre Ausschüsse können jederzeit die
      Anwesenheit der Beauftragten verlangen.

(4)   Niemand darf wegen seiner Eingaben oder wegen Auskünften gegenüber
      den Beauftragten gemaßregelt oder benachteiligt werden.

22

5. Abschnitt

Die Länderkammer

Artikel 66

(1)   Durch die Länderkammer wirken die Länder an der Gesetzgebung und
       Verwaltung des Bundes mit.

(2)   Die Länderkammer besteht aus Mitgliedern der Landesregierungen, die
       von diesen bestellt und abberufen werden. Eine Vertretung ist zulässig.

(3)   Jedes Land hat mindestens drei Stimmen. Länder mit mehr als zwei
       Millionen Einwohnern erhalten eine weitere Stimme für je eine weitere
       Million Einwohner. Restzahlen werden gerundet.

(4)   Die Stimmen des Landes können nur einheitlich und nur durch
       anwesende Mitglieder der Länderkammer oder deren Vertreter abgegeben
       werden. Die Länder können höchstens so viele Mitglieder entsenden,
       wie ihnen Stimmen zustehen.

Artikel 67

(1)   Die Länderkammer wählt jährlich einen Präsidenten.

(2)   Der Präsident beruft die Länderkammer ein. Auf Verlangen eines
       Landes oder des Ministerpräsidenten hat er die Länderkammer
       einzuberufen.

(3)   Soweit in dieser Verfassung nichts anderes bestimmt ist, faßt die
       Länderkammer ihre Beschlüsse mit der Mehrheit der Stimmen ihrer
       Mitglieder.

(4)   Die Verhandlungen der Länderkammer sind öffentlich. Die Öffentlichkeit
       kann mit Zustimmung von zwei Dritteln der Länder ausgeschlossen
       werden.

(5)   Den Ausschüssen der Länderkammer können andere Mitglieder oder
       Beauftragte der Länderregierungen angehören.

Artikel 68

Die Mitglieder der Regierung haben das Recht und auf Verlangen die
Pflicht, an den Verhandlungen der Länderkammer und ihrer Ausschüsse
teilzunehmen. Sie müssen jederzeit gehört werden.

23

56

6. Abschnitt

Die Regierung

Artikel 69

Die Regierung hat die Aufgabe der Staatsleitung und die Verantwortung
für die vollziehende Gewalt des Bundes. Sie besteht aus dem Ministerpräsidenten und den Ministern.

Artikel 70

(1) Der Ministerpräsident wird von der Volkskammer auf Vorschlag des
Präsidenten der Republik ohne Aussprache gewählt.

(2) Gewählt ist, wer die Stimmen der Mehrheit der Mitglieder der
Volkskammer auf sich vereinigt. Der Gewählte wird vom Präsidenten
der Republik ernannt.

(3) Wird der Vorgeschlagene nicht gewählt, so kann die Volkskammer
binnen drei Wochen nach dem Wahlgang mit der Mehrheit ihrer
Mitglieder einen Ministerpräsidenten wählen.

(4) Kommt innerhalb der Frist des Abs. 3 eine Wahl nicht zustande, so
findet unverzüglich ein neuer Wahlgang statt, in dem gewählt ist,
wer die Mehrheit der abgegebenen Stimmen erhält. Vereinigt der
Gewählte die Stimmen der Mehrheit der Mitglieder der Volkskammer
auf sich, so muß der Präsident der Republik ihn ernennen. Erreicht
der Gewählte diese Mehrheit nicht, so hat der Präsident der Republik
binnen sieben Tagen entweder ihn zu ernennen oder die Volkskammer
aufzulösen.

Artikel 71

Die Minister werden auf Vorschlag des Ministerpräsidenten vom
Präsidenten der Volkskammer ernannt und entlassen. Der Ministerpräsident ernennt Stellvertreter aus dem Kreis der Minister.

Artikel 72

Der Ministerpräsident und die Minister leisten bei der Amtsübernahme
vor der Volkskammer folgenden Eid: "Ich schwöre, daß ich meine
Kraft dem Wohle des Volkes widmen, Recht und Gesetze der Deutschen
Demokratischen Republik wahren, meine Pflichten gewissenhaft
erfüllen und Gerechtigkeit gegen jedermann üben werde. So wahr
mir Gott helfe". Der Eid kann auch ohne religiöse Beteuerung geleistet
werden.

Artikel 73

Der Ministerpräsident und die Minister dürfen kein anderes besoldetes
Amt, kein Gewerbe und keinen Beruf ausüben. Über die Mitwirkung
in Wirtschaftsunternehmen entscheidet die Volkskammer, wenn es

24

sich um ein auf Erwerb gerichtetes Unternehmen handelt.

Artikel 74

(1)   Der Ministerpräsident leitet die Geschäfte der Regierung und bestimmt
die Richtlinien der Politik im Rahmen des von der Volkskammer
bestätigten Regierungsprogramms. Innerhalb dieser Richtlinien leitet
jeder Minister seinen Geschäftsbereich selbständig und in eigener
Verantwortung.

(2)   Über Meinungsverschiedenheiten der Minister entscheidet die Regierung.
Der Ministerpräsident leitet ihre Geschäfte nach einer von der
Regierung beschlossenen und vom Präsidium der Volkskammer
genehmigten Geschäftsordnung.

Artikel 75

(1)   Die Volkskammer kann dem Ministerpräsidenten das Mißtrauen nur
dadurch aussprechen, daß sie mit der Mehrheit ihrer Mitglieder einen
Nachfolger wählt. Der Gewählte ist vom Präsidenten der der Republik
zu ernennen.

(2)   Zwischen dem Antrag und der Wahl müssen 48 Stunden liegen.

Artikel 76

(1)   Findet ein Antrag des Ministerpräsidenten, ihm das Vertrauen auszu-
sprechen, nicht die Zustimmung der Mehrheit der Mitglieder der
Volkskammer, so muß der Präsident der Republik die Volkskammer
am 21. Tag nach der Abstimmung auflösen, wenn sie nicht bis dahin
mit der Mehrheit ihrer Mitglieder einen Ministerpräsidenten wählt.

(2)   Zwischen dem Antrag und der Abstimmung müssen 48 Stunden liegen.

Artikel 77

(1)   Das Amt des Ministerpräsidenten oder eines Ministers endet mit
dem Zusammentritt einer neuen Volkskammer, das Amt eines Ministers
auch mit dem Rücktritt oder jeder anderen Beendigung des Amtes
des Ministerpräsidenten.

(2)   Jeder Minister muß zurücktreten, wenn ihm die Volkskammer das
Vertrauen entzieht.

(3)   Endet das Amt des Ministerpräsidenten, so sind er und mit ihm die
Regierung verpflichtet, ihre Geschäfte bis zur Übernahme durch die
neu zu bildende Regierung weiterzuführen. Auf Ersuchen des Ministerpräsidenten hat auch ein Minister die Geschäfte bis zur Ernennung
eines Nachfolgers weiterzuführen.

25

Artikel 76

(1)   Findet ein Antrag des Ministerpräsidenten, ihm das Vertrauen auszu-
sprechen, nicht die Zustimmung der Mehrheit der Mitglieder der
Volkskammer, so muß der Präsident der Republik die Volkskammer
am 21. Tag nach der Abstimmung auflösen, wenn sie nicht bis dahin
mit der Mehrheit ihrer Mitglieder einen Ministerpräsidenten wählt.

(2)   Zwischen dem Antrag und der Abstimmung müssen 48 Stunden liegen.

Artikel 77

(1)   Das Amt des Ministerpräsidenten oder eines Ministers endet mit
dem Zusammentritt einer neuen Volkskammer, das Amt eines Ministers
auch mit dem Rücktritt oder jeder anderen Beendigung des Amtes
des Ministerpräsidenten.

(2)   Jeder Minister muß zurücktreten, wenn ihm die Volkskammer das
Vertrauen entzieht.

(3)   Endet das Amt des Ministerpräsidenten, so sind er und mit ihm die
Regierung verpflichtet, ihre Geschäfte bis zur Übernahme durch die
neu zu bildende Regierung weiterzuführen. Auf Ersuchen des Ministerpräsidenten hat auch ein Minister die Geschäfte bis zur Ernennung
eines Nachfolgers weiterzuführen.

7. Abschnitt

Der Präsident der Republik

Artikel 78

Der Präsident der Republik ist das Staatsoberhaupt.

Artikel 79

(1)   Der Präsident vertritt die Deutsche Demokratische Republik völker-
rechtlich. Er beglaubigt die Berufungsurkunden der bevollmächtigten
Vertreter und empfängt die akkreditierten Vertreter anderer Staaten.

(2)   Im Falle der Verhinderung wird der Präsident vom Präsidenten der
Länderkammer vertreten.

Artikel 80

Verträge mit auswärtigen Staaten und Verträge mit der Bundesrepublik
Deutschland, die sich auf Gegenstände beziehen, für die der Bund
die Gesetzgebungsbefugnis hat, bedürfen der Zustimmung der Volkskammer in der Form eines Gesetzes, soweit sie innerstaatliche Rechte
und Pflichten begründen sollen. Die Vorschriften dieser Verfassung

25 a

über die Mitwirkung der Länderkammer bleiben unberührt. Andere
Verträge bedürfen der Zustimmung der Volkskammer, soweit sie von
erheblicher Bedeutung für die Deutsche Demokratische Republik
sind.

Artikel 81

Völkerrechtliche Verträge und Verträge mit der Bundesrepublik
Deutschland, die sich auf Gegenstände beziehen, in bezug auf die der
Bund zur Gesetzgebung befugt ist, bedürfen der Zustimmung der
Volkskammer in der Form eines Gesetzes, soweit der Vertrag eines
innerstaatlichen Vollzuges bedarf.

Artikel 82

(1)   Der Präsident ernennt auf Vorschlag der bei ihm eingerichteten
Wahlausschüsse die Bundesrichter und den Generalstaatsanwalt sowie
die Mitglieder der Staatsbank und des Rechnungshofes des Bundes.

(2)   Beim Präsidenten wird ein Bundesbeauftragter für den Datenschutz
bestellt. Der Datenschutzbeauftragte wird vom Präsidenten berufen
und ernannt. Artikel 65 Absätze 2 bis 4 sind anwendbar.

Artikel 83

Der Präsident übt das Gnadenrecht des Bundes aus.

Artikel 84

Der Präsident stiftet und verleiht Orden.

Artikel 85

Der Präsident kann zu Themen, die für die Allgemeinheit von
besonderem Gewicht sind, Expertenkommissionen berufen.

Artikel 86

(1)   Der Präsident wird ohne Aussprache von der Bundesversammlung auf
vier Jahre gewählt. Die Bundesversammlung besteht aus allen Abgeordneten der Volkskammer sowie der Volksvertretungen der Länder,
der Kreise und der kreisfreien Städte.

(2)   Die Bundesversammlung tritt zur gleichen Stunde, jeweils nach Ländern
getrennt, zum Wahlakt zusammen. In den Ländern treten die Landtage
und die Volksvertretungen der Kreise und kreisfreien Städte gemeinsam
zusammen. Die Abgeordneten der Volkskammer treten gesondert
zusammen.

(3)   Die Bundesversammlung wird vom Präsidenten der Volkskammer im
Einvernehmen mit dem Präsidenten der Länderkammer einberufen.
Die Teilversammlungen der Bundesversammlung in den Ländern werden

26

von den Landtagspräsidenten geleitet.

Artikel 87

(1)   Gewählt ist, wer die Mehrheit der Stimmen der Bundesversammlung auf sich vereinigt.

(2)   Ist im ersten Wahlgang der Präsident nicht gewählt, so sind für den unverzüglich anzuberaumenden zweiten Wahlgang nur die drei Kandidaten zugelassen, die im ersten Wahlgang die meisten Stimmen auf sich vereinigt haben. Gewählt ist, wer die meisten Stimmen auf sich vereinigt.

(3)   Nach der Annahme seiner Wahl leistet der Präsident vor der Volkskammer den Amtseid in der in Artikel 72 niedergelegten Formel. Artikel 72 Satz 2 ist anwendbar.

Artikel 88

(1)   Der Präsident genießt Immunität und Indemnität.

(2)   Wegen Verletzung seiner Amtspflichten kann der Präsident nur vom Verfassungsgericht zur Verantwortung gezogen werden. Antragsberechtigt ist die Volkskammer. Der Antrag bedarf der Zustimmung von Zweidritteln ihrer Mitglieder.

Artikel 89

Der Präsident darf weder einer Regierung noch einer gesetzgebenden Körperschaft angehören. Er darf kein anderes besoldetes Amt, kein Gewerbe und keinen Beruf ausüben und nicht Mitglied des Vorstandes oder Aufsichtsrates eines Unternehmens sein.

27

III. KAPITEL

FUNKTIONEN DES STAATES

1. Abschnitt

Gesetzgebung

Artikel 90

Die Gesetze werden durch die Volkskammer oder durch Volksentscheid
beschlossen.

Artikel 91

(1)   Werden die Gesetze des Bundes von der Volkskammer beschlossen, so
bedürfen sie zu ihrer Wirksamkeit der Zustimmung der Länderkammer,
sofern die Verfassung dies vorsieht; im übrigen steht der Länderkammer
das Recht des Einspruchs zu.

(2)   In der Volkskammer werden Gesetzesvorlagen durch deren Mitglieder,
durch die Regierung oder auf Beschluß der Länderkammer eingebracht.
Es sind mindestens zwei Lesungen vorzusehen und den Ausschüssen
ist hinreichend Zeit zur Beratung einzuräumen.

(3)   Vorlagen der Regierung sind der Volkskammer zusammen mit einer
Stellungnahme der Länderkammer, Vorlagen der Länderkammer sind
ihr mit einer Stellungnahme der Regierung zuzuleiten. Die Frist zur
Stellungnahme beträgt sechs Wochen.

Artikel 92

(1)   Der Zustimmung der Länderkammer bedürfen außer in den anderen
in dieser Verfassung genannten Fällen Gesetze der Volkskammer über

1. Änderungen der Ländergrenzen;
2. die Errichtung selbständiger Träger der bundeseigenen Verwaltung;
3. die Gerichtsverfassung;
4. die Verteilung der vom Bund erhobenen Steuern;
5. die Raumordnung und Fachplanungen des Bundes;
6. das Verwaltungsverfahren.

(2)   War der Erlaß eines Gesetzes zustimmungsbedürftig, so gilt dies
auch für nachfolgende Gesetzesänderungen.

Artikel 93

(1)   Gesetze werden nach ihrer Annahme in der Volkskammer durch deren
Präsidenten unverzüglich der Länderkammer zugeleitet.

(2)   Die Länderkammer kann binnen zweier Wochen nach Eingang des
Gesetzesbeschlusses verlangen, daß ein in gleicher Zahl aus Mitgliedern
der Volkskammer und der Länderkammer für die gemeinsame Beratung

28

von Vorlagen gebildeter Ausschuß einberufen wird. Die Zusammensetzung
und das Verfahren dieses Ausschusses regelt eine Geschäftsordnung,
die der Zustimmung der Volkskammer und der Länderkammer bedarf.
Die in diesen Ausschuß entsandten Mitglieder der Länderkammer
sind nicht an Weisungen gebunden. Ist zu einem Gesetz die Zustimmung
der Länderkammer erforderlich, so können auch die Volkskammer und
die Regierung die Einberufung verlangen. Schlägt der Ausschuß eine
Änderung des Gesetzesbeschlusses vor, so hat die Volkskammer erneut
Beschluß zu fassen.

(3) Soweit zu einem Gesetz die Zustimmung der Länderkammer nicht
erforderlich ist, kann die Länderkammer, wenn das Verfahren nach
Absatz 2 beendigt ist, gegen ein von der Volkskammer beschlossenes
Gesetz binnen einer Woche Einspruch einlegen. Die Einspruchsfrist
beginnt im Falle des Absatzes 2 letzter Satz mit dem Eingang des
von der Volkskammer erneut gefaßten Beschlusses, in allen anderen
Fällen mit dem Abschluß des Verfahrens vor dem in Absatz 2 vorgesehenen Ausschuß.

(4) Wird der Einspruch mit der Mehrheit der Stimmen der Länderkammer
beschlossen, so kann er durch Beschluß der Mehrheit der Mitglieder
der Volkskammer zurückgewiesen werden. Hat die Länderkammer den
Einspruch mit einer Mehrheit von mindestens zwei Dritteln ihrer
Stimmen beschlossen, so bedarf die Zurückweisung durch die Volkskammer einer Mehrheit von zwei Dritteln der Anwesenden, mindestens
der Mehrheit der Mitglieder der Volkskammer.

Artikel 94

Ein vom Parlament beschlossenes Gesetz kommt zustande, wenn die
Länderkammer zustimmt, den Antrag gemäß Artikel 91 Absatz 2 nicht
stellt, innerhalb der Frist des Artikel 91 Absatz 3 keinen Einspruch
einlegt oder ihn zurücknimmt oder der Einspruch von der Volkskammer
nach Maßgabe des Artikel 91 Absatz 4 überstimmt wird.

Artikel 95

(1) Durch Gesetz kann die Regierung zum Erlaß von Verordnungen
ermächtigt werden. In der Verordnung ist die Rechtsgrundlage
anzugeben. Gesetzesändernde Verordnungen sind ausgeschlossen.

(2) Das Gesetz kann bestimmen, daß vor Erlaß der Verordnung der
zuständige Ausschuß der Volkskammer gehört wird und ihre Wirksamkeit
davon abhängig gemacht wird, daß er der Verordnung nicht widerspricht. Ist ein Gesetz zustimmungspflichtig, so gilt dies auch für
Verordnungen.

(3) Rahmengesetze können vorsehen, daß die Landtage Verordnungser-
mächtigungen unter entsprechender Anwendung der Absätze eins
und zwei erteilen.

Artikel 96

Der Bund und die Länder haben das Recht der Gesetzgebung, soweit
ihnen die Verfassung dieses Recht ausdrücklich zuweist. Auf den

29

anderen Gebieten haben die Länder die Gesetzgebungsbefugnis, soweit
und solange der Bund von seinem Recht keinen Gebrauch gemacht
hat. Der Bund kann auf den Gebieten seiner Gesetzgebung Rahmengesetze erlassen.

Artikel 97

Der Bund hat die ausschließliche Gesetzgebung über:

1. die auswärtigen Angelegenheiten;
2. die Staatsbürgerschaft;
3. das bürgerliche Recht und das Zivilprozeßrecht, das Strafrecht
   und das Strafprozeßrecht, das Arbeits- und Sozialrecht einschließlich der Betriebsverfassung und des Verfahrensrechts, die
   Gerichtsverfassung;
4. die Freizügigkeit, das Paßwesen, die Ein- und Auswanderung und
   die Auslieferung;
5. das Währungs-, Geld- und Münzwesen, Maße und Gewichte sowie
   die Zeitbestimmung;
6. die Einheit des Zoll- und Handelsgebietes, die Handels- und Schif-
   fahrtsverträge, die Freizügigkeit des Warenverkehrs und den Waren-
   und Zahlungsverkehr mit dem Auslande einschließlich des Zolls
   und des Grenzschutzes;
7. das Recht der Wirtschaft einschließlich der Unternehmensverfassung;
8. das Bodenrecht und der Grundstücksverkehr einschließlich des
   Rechts der Enteignung;
9. den Bergbau, die Energieversorgung einschließlich des Rechts
   der Kernenergie;
10. die Angelegenheiten der Verteidigung;
11. die Reichsbahn und den Luftverkehr, die Bundeswasserstraßen
    und die Autobahnen;
12. das Post- und Fernmeldewesen;
13. die Rechtsverhältnisse der im Dienste des Bundes und der bundesun-
    mittelbaren Körperschaften des öffentlichen Rechts stehenden
    Personen;
14. den gewerblichen Rechtsschutz, das Urheberrecht und das
    Verlagsrecht;
15. die Organisation der Kriminalpolizei, der internationalen Ver-
    brechensbekämpfung sowie der Spionageabwehr;
16 die Statistik für Bundeszwecke;
17. die anderen in dieser Verfassung vorgesehenen Fälle.

Artikel 98

Die Länder haben die ausschließliche Gesetzgebung über:

1. das Länderstaatsrecht;
2. die Länderraumordnung und die Landesplanung;
3. das Recht der Gefahrenabwehr;
4. die Einrichtung von selbständigen Trägern der Landesverwaltung;
5. die Errichtung der Gerichtsbezirke;
6. die Errichtung der Träger der Kommunalautonomie und das
   Kommunalrecht;
7. den Natur- und Landschaftsschutz;
8. das Bauordnungsrecht;
9. die Errichtung von Universitäten und Fachhochschulen.

30

10. das Archiv- und Bibliothekswesen in den Ländern und die
    Kulturförderung;
11. die Denkmalpflege in den Ländern;
12. die Schimalspur- und die Seilbahnen;
13. das Forst- und Jagdwesen und die Binnenfischerei;
14. die Vermeidung, Verwertung und Beseitigung von Hausmüll und
    Bauschutt;
15. das Markt- und Messewesen.

Artikel 99

(1)   Gesetzesvorlagen zu einem Volksentscheid werden durch Volksbegehren
      beim Präsidenten der Republik eingebracht. Dem Volksbegehren muß
      ein ausgearbeiteter und mit Gründen versehener Gesetzentwurf zugrun-
      deliegen. Im Entwurf sind neun Vertrauensleute zu benennen. Der
      Volksentscheid ist herbeizuführen, wenn das Begehren von sieben-
      hundertfünfzigtausend stimmberechtigten Bürgern gestellt wird.

(2)   Ein Volksentscheid über den Staatshaushalt findet nicht statt.

(3)   Der Präsident legt den Entwurf unverzüglich der Regierung vor. Hat
      er Zweifel an der Zulässigkeit des Volksbegehrens, so beantragt er
      innerhalb von vier Wochen eine Entscheidung des Verfassungsgerichts;
      die Vertrauensleute sind am Verfahren zu beteiligen.

(4)   Der Ministerpräsident unterbreitet das Volksbegehren zugleich mit einer
      Stellungnahme der Regierung binnen eines Monats dem Parlament. Die
      Vertrauensleute sind zu den Beratungen der zuständigen Ausschüsse
      des Parlaments hinzuzuziehen und haben in ihnen das Rederecht.
      Der Volksentscheid unterbleibt, wenn das Parlament die Gesetzesvorlage
      innerhalb einer Frist von drei Monaten nach Unterbreitung unverändert
      oder in einer Fassung, der zwei Drittel der Vertrauensleute zugestimmt
      haben, annimmt. Bei der Berichterstattung des Ausschusses steht der
      Vertretung des Volksbegehrens das Rederecht zu. Im übrigen ist der
      Volksentscheid binnen zehn Wochen nach Ablauf der in Satz 2
      genannten Frist herbeizuführen. Den Trägern des Volksbehrens ist
      innerhalb dieser Zeit in den öffentlich-rechtlichen Massenmedien
      Gelegenheit zur Werbung für ihr Anliegen zu geben.

(5)   Beim Volksentscheid kann nur mit "ja" oder "nein" abgestimmt werden.
      Es entscheidet die Mehrheit der abgegebenen Stimmen.

(6)   Das Verfahren wird durch das Gesetz geregelt.

Artikel 100

(1)   Die nach den Vorschriften dieser Verfassung zustandegekommenen
      Gesetze werden nach Gegenzeichnung durch den Ministerpräsidenten
      vom Präsidenten der Volkskammer ausgefertigt und im Gesetzblatt
      verkündet.

(2)   Verordnungen sind im Gesetzblatt zu veröffentlichen.

(3)   Jedes Gesetz und jede Verordnung tritt, soweit nichts anders bestimmt
      ist, mit dem 14. Tag nach Ablauf des Tages in Kraft, an dem das
      Gesetzblatt erscheint.

31

(1) Diese Verfassung kann nur durch ein Gesetz der Volkskammer geändert
     werden, das der Zustimmung von zwei Dritteln der Mitglieder der
     Volkskammer bedarf. Es muß den Wortlaut der Verfassung ausdrücklich
     ändern oder ergänzen. Es bedarf der Bestätigung in einem Volksent-
     scheid.

(2) Eine Änderung der Verfassung, die die in den Artikeln 1, 40, 42, 88
     und 104 niedergelegten Grundsätze in Frage stellen, ist unzulässig.

2. Abschnitt

Die Verwaltung

Artikel 102

Die Länder führen die Bundesgesetze als eigene Angelegenheit aus,
soweit diese Verfassung nichts anderes bestimmt oder zuläßt.

Artikel 103

(1) Führen die Länder die Bundesgesetze als eigene Angelegenheit aus,
     so regeln sie die Einrichtung der Behörden und das Verwaltungsverfah-
     ren, soweit nicht Bundesgesetze mit Zustimmung der Länderkammer
     etwas anderes bestimmen. Die Bundesregierung kann mit Zustimmung
     der Länderkammer allgemeine Verwaltungsvorschriften erlassen.

(2) Die Regierung des Bundes übt die Rechtsaufsicht aus. Sie kann zu
     diesem Zweck Beauftragte zu den obersten Landesbehörden entsenden.

(3) Wird Beanstandungen nicht abgeholfen, so entscheidet die Länderkam-
     mer, ob das Land das Recht verletzt hat. Gegen den Beschluß der
     Länderkammer kann das Verfassungsgericht angerufen werden.

Artikel 104

Führt der Bund die Gesetze durch bundeseigene Verwaltung oder durch
bundesunmittelbare Körperschaften oder Anstalten des öffentlichen
Rechts aus, so werden die allgemeinen Veraltungsvorschriften von
der Regierung erlassen. Das gleiche gilt für die Einrichtung der
Behörden.

Artikel 105

(1) In bundeseigener Verwaltung werden geführt:

     1. der auswärtige Dienst;
     2. die Finanzverwaltung nach Maßgabe des Artikels ... und der Zoll;
     3. die Genehmigung und die Überwachung kerntechnischer Anlagen;

32

4. die Deutsche Post;
5. Bundesstraßen einschließlich der Bundeswasserstraßen;
7. der Luftverkehr;
8. die Streitkräfte einschließlich der Grenztruppen;
9. die Spionageabwehr;
10. die Kriminalpolizei.

(2)   Durch Gesetz, das der Zustimmung der Länderkammer bedarf, kann der Bund für Angelegenheiten, auf denen die Länder nicht die ausschließliche Gesetzgebungszuständigkeit haben, Bundesämter einschließlich eines eigenen Verwaltungsunterbaus oder bundesunmittelbare Körperschaften oder Anstalten des öffentlichen Rechts errichten.

Artikel 106

(1)   Der Bund kann bei der Erfüllung der Aufgaben der Länder mitwirken, wenn diese Aufgaben für die Gesamtheit bedeutsam sind und die Mitwirkung des Bundes zur Verbesserung der Lebensverhältnisse erforderlich ist. Die Mitwirkung des Bundes ist in Staatsverträgen zu vereinbaren. In den Verträgen sind Bestimmungen über das Verfahren und über die Finanzierung vorzusehen. Die Bereitstellung der Mittel bleibt der Feststellung in den Haushaltsgesetzen des Bundes und der Länder vorbehalten.

(2)   Die Regierung des Bundes und die Länderkammer sind über die Durchführung der Gemeinschaftsaufgaben zu unterrichten.

Artikel 107

(1)   Durch Gesetz wird eine unabhängige Staatsbank als bundesunmittelbare juristische Person des öffentlichen Rechts errichtet.

(2)   Die Staatsbank hat unter besonderer Berücksichtigung des Zieles der Vollbeschäftigung den Erfordernissen der Preisstabilität, des außenwirtschaftlichen Gleichgewichts und eines angemessenen Wirtschaftswachstums Rechnung zu tragen.

(3)   Die Mitglieder des Vorstands der Staatsbank werden von dem beim Präsidenten einzurichtenden Wahlausschuß gewählt. Diesem gehören neben den Mitgliedern des Wahlausschusses nach Artikel ... (Rechnungshof) fünf weitere Mitglieder nach Maßgabe des Einrichtungsgesetzes an.

(4)   Der Finanzminister und der Vorsitzende des Finanzausschusses der Volkskammer haben das Recht, an den Sitzungen des Vorstandes der Staatsbank teilzunehmen.

33

3. Abschnitt

Die Rechtsprechung

Artikel 108

Die rechtsprechende Gewalt ist den Richtern anvertraut. Die Richter
sind unabhängig und nur der Verfassung und dem Gesetz unterworfen.

Artikel 109

(1) Die rechtsprechende Gewalt wird durch das Verfassungsgericht und
     durch andere Gerichte des Bundes und der Länder für zivil-, straf-,
     familien-, verwaltungs-, finanz-, arbeits- und sozialrechtliche Streitig-
     keiten sowie durch gesellschaftliche Gerichte ausgeübt.

(2) Soweit Gerichtszweige noch nicht bestehen, bedarf ihre Einführung
     des Gesetzes. Ausnahmegerichte sind unzulässig.

Artikel 110

(1) Das Verfassungsgericht ist ein allen übrigen Verfassungsorganen
     gegenüber selbständiger und unabhängiger Gerichtshof des Bundes.
     Das Verfassungsgericht gibt sich eine Geschäftsordnung.

(2) Die Entscheidungen des Verfassungsgerichts sind unanfechtbar. Die
     Entscheidungsformel bindet die Organe des Bundes und der Länder
     sowie alle Gerichte und Behörden.

(3) Die Entscheidung des Verfassungsgericht über die Verfassungsmäßigkeit
     eines Rechtssatzes hat Gesetzeskraft. Die Entscheidungsformel ist
     im Gesetzblatt zu veröffentlichen.

Artikel 111

(1) Das Verfassungsgericht entscheidet:

1. über Verfassungsbeschwerden von Bürgerinnen und Bürger gegen die
   Verletzung ihrer Menschen- und Bürgerrechte durch die öffentliche
   Gewalt;
2. über Zweifel an der Vereinbarkeit von Bundesrecht mit dieser Verfassung
   auf Antrag eines Fünftels der Mitglieder der Volkskammer, der Regierung
   des Bundes oder einer Landesregierung;
3. über Zweifel an der Vereinbarkeit von Verträgen gemäß Artikel 80 mit
   dieser Verfassung nach Beginn des Gesetzgebungsverfahrens auf Antrag
   eines Drittels der Mitglieder der Volkskammer oder einer Landesregierung;
4. über Zweifel an der Vereinbarkeit von Landesrecht mit dieser Verfassung
   und mit sonstigem Recht des Bundes auf Antrag eines Drittels der
   Mitglieder der Volkskammer, der Regierung des Bundes oder einer
   Landesregierung;
5. auf Antrag eines Gerichtes über die Vereinbarkeit eines Gesetzes des
   Bundes oder von Landesgesetzen mit dieser Verfassung, wenn das Gericht
   von der Verfassungswidrigkeit des betreffenden Gesetzes überzeugt ist

34

und dies für die gerichtliche Entscheidung von Bedeutung ist;

6. auf Antrag eines Gerichtes über Zweifel, ob eine Regel des Völkerrechts Bestandteil des innerstaatlichen Rechtes ist und ob sie unmittelbar Rechte und Pflichten für den einzelnen erzeugt;

7. aus Anlaß von Streitigkeiten über den Umfang der Rechte und Pflichten von Bundesorganen oder anderer Beteiligter, die in dieser Verfassung oder in Geschäftsordnungen oberster Bundesorgane mit eigenen Rechten ausgestattet sind;

8. bei Meinungsverschiedenheiten über Rechte und Pflichten des Bundes und der Länder, insbesondere bei der Ausführung von Bundesrecht durch die Länder und bei der Ausübung der Bundesaufsicht;

9. in anderen öffentlich-rechtlichen Streitigkeiten zwischen dem Bund und den Ländern, zwischen verschiedenen Ländern oder innerhalb eines Landes, soweit nicht ein anderer Rechtsweg angegeben ist;

10. über Beschwerden von Trägern der Kommunalautonomie und anderer öffentlich-rechtlicher Körperschaften wegen Verletzung ihrer Rechte.

Es entscheidet ferner in den anderen ihm von der Verfassung und vom Gesetz zugewiesenen Fällen.

Artikel 112

(1) Das Verfassungsgericht besteht aus dem Präsidenten, zwei Vizepräsidenten und sechs Verfassungsrichtern. Sie dürfen während ihrer Amtszeit keinem anderen staatlichen Organ angehören.

(2) Das Verfassungsgericht bildet einen Senat und drei Kammern, die die Entscheidungen des Senats vorbereiten. Die Kammern können über Verfassungsbeschwerden und Richtervorlagen einstimmig befinden, wenn der Senat in der gleichen Rechtsfrage schon geurteilt hat oder die Sache von geringer Bedeutung oder die Rechtslage offensichtlich ist.

(3) Das Verfahren vor dem Verfassungsgericht ist gebührenfrei.

Artikel 113

(1) Die Richter des Verfassungsgerichtes werden von einem beim Präsidenten der Republik einzurichtenden Richterwahlausschuß auf die Dauer von 12 Jahren gewählt. Eine Wiederwahl ist ausgeschlossen.

(2) Der Richterwahlausschuß besteht aus

- dem Präsidenten der Republik als Vorsitzendem;
- je zwei weisungsunabhängigen, von den Länderregierungen bestellten Bevollmächtigten sowie einer doppelten Anzahl von Abgeordneten des Parlaments, die nach den Grundsätzen der Verhältniswahl bestimmt werden.

(3) Der Ausschuß entscheidet mit einer Mehrheit von zwei Dritteln der Stimmen seiner Mitglieder.

Artikel 114

(1) Die Rechtsstellung der Richter ist durch besonderes Gesetz zu regeln.

35

(2)   Die Bundesrichter werden von einem Ausschuß gewählt, der entsprechend
       der Vorschrift des Artikel 111 Absatz 2, ergänzt um den jeweiligen
       Fachminister, gebildet wird. Der Ausschuß entscheidet mit der Mehrheit
       der Stimmen seiner Mitglieder.

(3)   Die Berufsrichter werden auf Lebenszeit ernannt. Sie können gegen
       ihren Willen nur kraft richterlicher Entscheidung und nur aus Gründen
       und unter den Formen, die die Gesetze bestimmen, dauernd oder
       zeitweise ihres Amtes enthoben oder an eine andere Stelle oder in
       den Ruhestand versetzt werden. Das Gesetz kann eine Altersgrenze
       festsetzen, bei deren Erreichung Richter in den Ruhestand treten. Bei
       Veränderungen der Gerichtsbezirke können Richter an ein anderes
       Gericht versetzt oder unter Belassung des vollen Gehaltes in den
       Ruhestand versetzt werden.

Artikel 115

(1) Ausnahmegerichte sind unzulässig.

(2) Gerichte für besondere Sachgebiete können nur durch Gesetz errichtet
werden.

36

IV. KAPITEL

DIE STAATSFINANZEN

Artikel 116

(1)   Der Bund und die Länder tragen gesondert die Ausgaben, die sich
aus der Wahrnehmung ihrer Aufgaben ergeben, soweit die Verfassung
nichts anderes bestimmt. Gesetze des Bundes, die Geldleistungen
gewähren, müssen bestimmmen, daß die Geldleistungen vom Bund
getragen werden.

(2)   Der Bund kann den Ländern Finanzhilfen für besonders bedeutsame
Investitionen der Länder und der Träger der Kommunalautonomie
gewähren, die zum Ausgleich unterschiedlicher Wirtschaftskraft oder
zur Förderung des wirtschaftlichen Wachstums erforderlich sind.
Finanzhilfen können auch für Investitionen zur Förderung des Um-
weltschutzes und zur Verbesserung der Agrarstruktur gewährt werden.
Das Nähere wird durch Gesetz bestimmt, das der Zustimmung der
Länderkammer bedarf.

Artikel 117

(1)   Der Bund hat die Gesetzgebung über Zölle und Steuern, soweit sie
nicht nach Satz 2 den Ländern zusteht. Die Länder haben die Befugnis
zur Gesetzgebung über die örtlichen Verbrauchs- und Aufwandssteuern.

(2)   Zölle, Steuern und sonstige Abgaben dürfen nur auf der Grundlage
gesetzlicher Vorschriften erhoben werden.

(3)   Gesetze des Bundes über Steuern, deren Aufkommen den Ländern
ganz oder zum Teil zufließt, bedürfen der Zustimmung der Länderkammer.

Artikel 118

(1)   Das Aufkommen folgender Steuern steht dem Bund zu:

- die Zölle,
- die Verbrauchssteuern, soweit sie nicht nach Absatz 4 dem
  Bund und den Ländern gemeinsam oder nach Absatz 3 den Trägern
  der Kommunalautonomie zustehen,
- die Kapitalverkehrssteuern,
- die Versicherungssteuer.

(2)   Das Aufkommen folgender Steuern steht den Ländern zu:

- die Grunderwerbsteuer,
- die Vermögensteuer,
- die Kraftfahrzeugsteuer,
- die Erbschaftssteuer,
- die Rennwett- und Lotteriesteuern.

(3)   Das Aufkommen folgender Steuern steht den Trägern der Kommunalautonomie zu:

37

- die Gewerbesteuer,
- die Grundsteuer,
- die Steuern mit öftlich bedingtem Wirkungskreis.

(4) Das Aufkommen der Einkommensteuer, der Körperschaftsteuer und
der Umsatzsteuer steht dem Bund und den Ländern gemeinsam zu
(Gemeinschaftssteuern), soweit das Aufkommen der Einkommensteuer
nicht nach Absatz 5 den Trägern der Kommunalautonomie zugewiesen
wird. Die Anteile von Bund und Ländern werden durch Gesetz festgelegt,
das der Zustimmung der Länderkammer bedarf. Hierbei haben Bund
und Länder im Rahmen der laufenden Einnahmen gleichmäßig Anspruch
auf Deckung ihrer notwendigen Ausgaben. Die Festlegung ist so
vorzunehmen, daß die Einheitlichkeit der Lebensverhältnisse im Gebiet
des Bundes weitestmöglich hergestellt und gewahrt wird. Werden den
Ländern durch Gesetz des Bundes zusätzliche Ausgaben auferlegt
oder Einnahmen entzogen, so kann die Mehrbelastung durch Gesetz
des Bundes, das der Zustimmung der Länderkammer bedarf, vorüber-
gehend auch mit Finanzzuweisungen des Bundes ausgeglichen werden.

(5) Die Träger der Kommunalautonomie erhalten einen Anteil an dem
Aufkommen der Einkommensteuer, der sie in die Lage versetzt, ihre
Aufgaben zu erfüllen. Der Anteil wird von den Ländern an ihre
Träger der Kommunalautonomie unter Berücksichtigung der unterschied-
lichen Lebensverhältnisse nach Maßgabe der Einwohnerzahl weitergeleitet.
Das Nähere bestimmt ein Gesetz, das der Zustimmung der Länderkammer
bedarf.

(6) Von dem Länderanteil am Gesamtaufkommen der Gemeinschaftsseuern
fließt den Trägern der Kommunalautonomie insgesamt ein von der
Landesgesetzgebung zu bestimmender Hundertsatz zu. Die Landesgesetzgebung bestimmt im übrigen, ob und inwieweit das Aufkommen
der Landessteuern den Trägern der Kommunalautonomie zufließt.

(7) Den Trägern der Kommunalautonomie ist das Recht einzuräumen, im
Rahmen der Gesetze die Hebesätze der Gewerbesteuer und der Grundsteuer festzusetzen.

Artikel 119

(1) Das Aufkommen der Landessteuern und der Länderanteil am Aufkommen
der Einkommen- und der Körperschaftsteuer stehen den einzelnen
Ländern insofern zu, als die Steuern von den Finanzbehörden in
ihrem Gebiet vereinnahmt werden (örtliches Aufkommen). Durch
Gesetz, das der Zustimmung der Länderkammer bedarf, können nähere
Bestimmungen über die Abgrenzung sowie über Art und Umfang der
Zerlegung des örtlichen Aufkommens getroffen werden. Der Länderanteil
am Aufkommen der Umsatzsteuer steht den einzelnen Ländern nach
Maßgabe ihrer Einwohnerzahl zu.

(2) Durch Gesetz, das der Zustimmung der Länderkammer bedarf, ist
sicherzustellen, daß die unterschiedliche Finanzkraft der Länder
angemessen ausgeglichen wird; hierbei sind die Finanzkraft und der
Finanzbedarf der Träger der Kommunalautonomie zu berücksichtigen.
Das Gesetz kann auch bestimmen, daß der Bund aus seinen Mitteln

38

leistungsschwachen Ländern Zuweisungen zur ergänzenden Deckung
ihres allgemeinen Finanzbedarfs (Ergänzungszuweisungen) gewährt.

Artikel 120

(1) Der Bund und die Länder errichten Finanzverwaltungen.

(2) Zölle und die vom Bund geregelten Verbrauchssteuern einschließlich
     der Einfuhrumsatzsteuer werden durch Finanzbehörden des Bundes
     verwaltet. Der Aufbau dieser Behörden wird durch Bundesgesetz geregelt.

(3) Die übrigen Steuern werden durch die Finanzbehörden der Länder
     verwaltet. Der Aufbau dieser Behörden und die einheitliche Ausbildung
     der Angehörigen des öffentlichen Dienstes werden durch Bundesgestz
     geregelt, das der Zustimmung der Länderkammer bedarf.

(4) Das von den Finanzbehörden des Bundes anzuwendende Verwaltungsver-
     fahren wird durch Bundesgesetz geregelt. Das von den Finanzbehörden
     der Länder anzuwendende Verfahren wird durch Bundesgesetz geregelt,
     das der Zustimmung der Länderkammer bedarf.

Artikel 121

(1) Bund und Länder sind in ihrer Haushaltswirtschaft selbständig und
     von einander unabhängig. Sie haben unter besonderer Berücksichtigung
     des Zieles der Vollbeschäftigung den Erfordernissen der Preisstabilität,
     des außenwirtschaftlichen Gleichgewichts und eines angemessenen
     Wirtschaftswachstums Rechnung zu tragen.

(2) Durch Bundesgesetz, das der Zustimmung der Länderkammer bedarf,
     können dem Bund und den Ländern gemeinsam geltende Grundsätze
     für das Haushaltsrecht, für die Haushaltswirtschaft sowie für eine
     mehrjährige Finanzplanung aufgestellt sowie zur Abwehr einer Störung
     des gesamtwirtschaftlichen Gleichgewichts die Kreditaufnahme des
     Bundes, der Länder und der Träger der Kommunalautonomie sowie
     sonstiger öffentlicher Haushalte beschränkt werden.

Artikel 122

(1) Der Haushaltsplan des Bundes dient der Feststellung und Deckung
     des Finanzbedarfs, der zur Erfüllung der Aufgaben des Bundes für
     ein Jahr erforderlich wird. Der beschlossene Haushaltsplan ist die
     verbindliche Grundlage für die Haushalts- und Wirtschaftsführung.

(2) Der Haushaltsplan des Bundes wird vor Beginn eines Haushaltsjahres
     durch Gesetz beschlossen.

(3) Im Haushaltsplan sind alle Einnahmen und Ausgaben des Bundes
     aufzunehmen. Bei Staatsunternehmen brauchen nur die Zuführungen
     oder die Ablieferungen eingestellt zu werden.

(4) Der Haushaltsplan ist in Einnahmen und Ausgaben auszugleichen.

(5) Die Gesetzesvorlage nach Absatz 2 sowie Vorlagen zur Änderung des
     Haushaltsgesetzes und des Haushaltsplanes werden gleichzeitig mit
     der Zuleitung an die Länderkammer bei der Volkskammer eingebracht;
     die Länderkammer ist berechtigt, innerhalb von sechs Wochen, bei
     Änderungsvorlagen innerhalb von drei Wochen, zu den Vorlagen
     Stellung zu nehmen.

Artikel 123

(1) Ist bis zum Schluß des Rechnungsjahres der Haushaltsplan für das
     folgende Jahr nicht durch Gesetz festgestellt, so ist bis zu seinem
     Inkrafttreten die Regierung ermächtigt, alle Aufgaben zu leisten, die
     nötig sind,

     a) um gesetzlich bestehende Einrichtungen zu erhalten und gesetzlich
         beschlossene Maßnahmen durchzuführen,
     b) um die rechtlich begründeten Verpflichtungen zu erfüllen,
     c) um Bauten, Beschaffungen und sonstige Leistungen fortzusetzen
         oder Beihilfen für diese Zwecke weiter zu gewähren, sofern
         durch den Haushaltsplan des Vorjahres bereits Beträge bewilligt
         worden sind.

(2) Soweit nicht auf besonderem Gesetz beruhende Einnahmen aus Steuern
     und sonstigen Abgaben die Ausgaben unter Absatz 1 decken, darf die
     Regierung die zur Aufrechterhaltung der Wirtschaftsführung erforder-
     lichen Mittel bis zur Höhe eines Viertels der Kreditaufnahme des
     abgelaufenen Haushaltsjahres im Wege des Kredits flüssig machen.

Artikel 124

Überplanmäßige und außerplanmäßige Ausgaben bedürfen der Zustimmung
des Ministers der Finanzen. Sie darf nur im Falle eines unvorher-
gesehenen und unabweisbaren Bedürfnisses erteilt werden. Über- und
außerplanmäßige Ausgaben sollen durch Einsparungen bei anderen
Ausgaben des Haushaltsplanes des Bundes ausgeglichen werden.
Einzelheiten können durch Bundesgesetz bestimmt werden.

Artikel 125

Gesetze, welche die von der Regierung vorgeschlagenen Ausgaben des
Haushaltsplanes erhöhen oder neue Aufgaben in sich schließen oder
für die Zukunft mit sich bringen, bedürfen der Zustimmung der
Regierung. Das Gleiche gilt für Gesetze, die Einnahmenminderungen
in sich schließen oder für die Zukunft mit sich bringen.

Artikel 126

(1) Die Aufnahme von Krediten sowie die Übernahme von Bürgschaften,
     Garantien oder sonstigen Gewährleistungen, die zu Ausgaben in künftigen
     Rechnungsjahren führen können, bedürfen einer der Höhe nach
     bestimmten oder bestimmbaren Ermächtigung durch Bundesgesetz.

40

(2) Die Einnahmen aus Krediten dürfen die Summe der im Haushaltsplan
     veranschlagten Ausgaben für Investitionen nicht überschreiten.
     Ausnahmen sind nur zulässig zur Abwehr einer Störung des gesamtwirt-
     schaftlichen Gleichgewichts.

(3) Das Nähere wird durch Bundesgesetz geregelt.

Artikel 127

(1) Der Minister der Finanzen hat der Volkskammer im Laufe des nächsten
     Jahres über alle Haushaltseinnahmen eines Rechnungsjahres sowie
     über ihre Verwendung und die Schulden des Bundes zur Entlastung
     der Regierung Rechenschaft zu legen. Der Rechnung ist ein Vermögens-
     nachweis beizufügen.

(2) Die Prüfung der Haushaltsrechnung sowie der Wirtschaftlichkeit und
     Ordnungsmäßigkeit der Haushalts- und Wirtschaftsführung erfolgt
     durch den Rechnungshof des Bundes. Seine Mitglieder besitzen
     richterliche Unabhängigkeit. Artikel 65 Absatz 2 Satz findet entspre-
     chende Anwendung. Er hat der Regierung, der Volkskammer und der
     Länderkammer jährlich über die Ergebnisse seiner Tätitkeit zu berichten.

(3) Die Mitglieder des Rechnungshofes werden durch einen beim Präsidenten
     der Republik eizurichtenden Wahlausschuß gewählt. Diesem Ausschuß
     gehören an:

          1. der Präsident als Vorsitzender;
          2. der Präsident der Volkskammer;
          3. die Mitglieder des Finanzausschusses der Volkskammer;
          4. der Finanzminister;
          5. die Finanzminister der Länder.

41

V. KAPITEL

ÜBERGANGS- UND SCHLUẞBESTIMMUNGEN

Artikel 128

(1) Nach Inkraftsetzung dieser Verfassung werden die Gesetze ausschließlich
     von den in dieser Verfassung vorgesehenen gesetzgebenden Körperschaf-
     ten des Bundes und der Länder beschlossen.

(2) Als Bundesrecht gilt dasjenige Recht der Deutschen Demokratischen
     Republik fort, dessen Gegenstände nicht in der ausschließlichen
     Gesetzgebungsbefugnis der Länder liegen.

(3) Als Landesrecht gilt dasjenige Recht der Deutschen Demokratischen
     Republik fort, dessen Gegenstände zur ausschließlichen Gesetzgebungs-
     befugnis der Länder gehören. Für eine Dauer von vier Jahren vom
     Inkrafttreten dieser Verfassung an können die Länder dieses Landesrecht
     nur gemeinsam mit Zustimmung der Länderkammer ändern, ergänzen
     oder aufheben. Bis zum ersten Zusammentritt der Länderkammer
     kann die Volkskammer als Landesrecht fortgeltende Rechtsvorschriften
     ändern, ergänzen oder außer Kraft setzen.

Artikel 129

(1) Recht der Deutschen Demokratischen Republik gilt nach Maßgabe dieses
     Artikels fort, soweit es dieser Verfassung nicht widerspricht.

(2) Die Rechte gemäß den Artikeln 8 Absatz 2, 21 Absatz 4, 23 Absatz
     3, 26 und 27 Absatz 3 Satz 4 bestehen bis zur Anpassung des geltenden
     Rechts an diese Verfassung nur in dem zum Zeitpunkt ihres Inkraft-
     tretens bestehenden Umfang; die Anpassung muß spätestens am 31.
     Dezember 1990 vollzogen sein.

(3) Anlagen, die entgegen den Bestimmungen des Artikels 33 Absätze 2
     und 3 Gefährdungen oder Beeinträchtigungen der natürlichen Umwelt
     verursachen, können für fünf Jahre vom Inkrafttreten dieser Verfassung
     an weiter betrieben werden, soweit sie das Maß der am 31. März 1990
     von ihnen verursachten Emissionen nicht überschreiten und unverzüglich
     wirksame Maßnahmen zu deren schrittweiser Verminderung auf die
     von dieser Verfassung erlaubten Grenzwerte ergreifen. Die Bestimmungen
     des Artikel 33 Absatz 4 gelten für Altlasten nur nach Maßgabe des
     Gesetzes.

Artikel 130

Der in den Artikeln 21 Absatz 3 Satz 2 und 114 Absatz 1 erteilten
Gesetzgebungsaufträge sind vom Bund und den Ländern bis zum 31.
Dezember 1990 zu erfüllen. Richter, die vor Inkrafttreten dieser
Verfassung gewählt worden sind, bleiben bis zur Wirksamkeit des in
Satz 1 genannten Gesetzes im Amt.

42

(1) Mit dem Inkrafttreten dieser Verfassung sind die in Artikel 41 Absatz
     1 genannten Länder errichtet.

(2) Die Volkskammer hat unverzüglich ein Gesetz zu verabschieden,
     welches die Ländergrenzen festlegt, vorläufige Regelungen über die
     Einrichtungen von Länderverwaltungen sowie von Regelungen für die
     Konstitutierung der obersten Staatsorgane der Länder enthält (Länderer-
     richtungsgesetz). Dieses Gesetz bedarf der Mehrheit von zwei Dritteln
     der Mitglieder der Volkskammer.

Artikel 132

Anspruch auf bevorrechtigte Einbürgerung haben diejenigen, die oder
deren Vorfahren aufgrund ihrer Zugehörigkeit zu einer Rasse oder
Religion in der Zeit vom 30. Jan. 1933 bis zum 9. Mai 1945 verfolgt
oder von Verfolgung bedroht wurden, wenn sie oder ihre Abkömmlinge
erneut Diskriminierungen aufgrund ihrer Gruppenzugehörigkeit ausgesetzt
sind.

Artikel 133

(1) Die Bodenreform und die Eigentumsentziehungen, die durch Artikel
     24 der Verfassung der Deutschen Demokratischen Republik vom 7.
     Oktober 1949 bestätigt worden sind, sind unantastbar.

(2) Enteignungen und sonstige Formen der Eigentumsentziehung, die zum
     Zeitpunkt ihres Vollzuges in Übereinstimmung mit dem Recht der
     Deutschen Demokratischen Republik erfolgten, bleiben unbeschadet
     formeller Unrichtigkeiten von Grundbüchern, Katastern und anderer
     öffentlicher Register wirksam. Das Gleiche gilt für vermögenswerte
     Rechte, die Bürger nach dem Verlassen der Deutschen Demokrati-
     schen Republik zurückgelassen haben und die in Übereinstimmung mit
     dem jeweils geltenden Recht der Deutschen Demokratischen Republik
     endgültig auf Dritte übertragen worden sind oder von Dritten genutzt
     werden. Nutzungen an derartigen vermögenswerten Rechten sind zu
     schützen. Die Nutzer haben Anspruch auf Eigentumserwerb nach den
     am 31. Dezember 1989 geltenden Rechtsvorschriften über die Bewertung,
     soweit das Eigentum in der Hand eines Trägers öffentlicher Gewalt
     ist. Soweit davon Wohnungen, Wohngrundstücke und für Erholungszwecke
     genutzte Grundstücke betroffen sind, haben dieses Recht die persönlichen
     Nutzer.

(3) Eigentum, das unter Verletzung des jeweils geltenden Rechts der
     Deutschen Demokratischen Republik entzogen worden ist, ist auf
     Antrag an die rechtmäßigen Eigentümer zurückzuerstatten, soweit es
     sich noch in der Verfügung eines Trägers öffentlicher Gewalt befindet.
     Dies gilt nicht für Wohnungen und Wohngrundstücke sowie für
     Erholungszwecke genutzte Grundstücke. Es gilt auch nicht für Eigentum,
     das in die Verfügung von Genossenschaften und volkseigenen Unterneh-
     men übergegangen ist.

43

(4)   Ist eine Rückerstattung nach Absatz 3 ausgeschlossen, bleiben die
        inzwischen erfolgten Verfügungen wirksam. Die Rechtsstellung der
        Nutzer bestimmt sich nach Absatz 2 Sätze 3 bis 5. Nutzungen sind
        auch dann zu schützen, wenn eine Rückerstattung nach Absatz 3
        stattfindet. Den früheren Eigentümern ist eine Entschädigung zu
        zahlen. Die Entschädigung ist auf gesetzlicher Grundlage unter gerechter
        Abwägung der Interessen der Allgemeinheit und der Beteiligten auf
        der Grundlage des im Zeitpunkt des Verlassens der Deutschen Demo-
        ratischen Republik geltenden Bewertungsgesetzes zu bestimmen; dabei
        sind der Zeitpunkt und die besonderen persönlichen Umstände, die
        zum Verlassen der Deutschen Demokratischen Republik führten, zu
        berücksichtigen. Die Entschädigung kann in Raten gezahlt werden.
        Bei Lastenausgleichszahlungen im Hinblick auf den Vermögensverlust
        ist die Entschädigung ausgeschlossen. In geeigneten Fällen ist ein
        Interessenausgleich zwischen den Beteiligten zu fördern, der an die
        Stelle von Entschädigungsleistungen tritt.

(5)   Die vollen Eigentumsrechte an beweglichen Sachen, die nach den bis
        zum 31. Dezember 1989 geltenden Rechtsvorschriften in der treuhände-
        rischen Verwaltung des Staates oder eines sonstigen Treuhänders
        standen, sind auf Antrag der Berechtigten wiederherzustellen; soweit
        der Treuhänder darüber verfügt hat, sind die Erlöse auszuhändigen.
        Das gilt nicht für bewegliche Sachen, die von volkseigenen Betrieben
        oder Genossenschaften genutzt werden.

(6)   Soweit das Eigentum an treuhänderisch verwaltetem unbeweglichem
        Vermögen nicht gemäß den nachfolgenden Vorschriften auf neue
        Rechtsträger übergeht, sind die vollen Eigentumsrechte der Berechtigten
        auf deren Antrag wiederherzustellen. Das Eigentum an treuhänderisch
        verwalteten Wohnungen, Wohngrundstücken und für Erholungszwecke
        genutzte Grundstücke geht auf die Träger der Kommunalautonomie
        über, in deren Gebiet sie gelegen sind. Für die persönlichen Nutzer
        gelten die Vorschriften des Absatzes 2 Sätze 3 und 4. Das Eigentum
        an treuhänderisch verwaltetem unbeweglichem Genossenschaftsvermögen
        geht auf die nutzende Genossenschaft über. Das Eigentum an treu-
        händerisch verwaltetem unbeweglichen Betriebsvermögen geht auf
        den Treuhänder über. Es ist auf die nutzenden Betriebe zu übertragen,
        sobald sie die Rechtsform eines selbständigen Unternehmens annehmen.
        Das Eigentum an diesen Unternehmen steht dem Land zu, in dem sie
        ihren Sitz haben. Die Vorschriften des Absatzes 4 Sätze 4 bis 8 finden
        Anwendung.

                            Artikel 134

(1)   Wird die Einheit durch einen Beitritt zur Bundesrepublik Deutschland
        verwirklicht, so sind die Voraussetzungen, unter denen das Grundgesetz
        der Bundesrepublik Deutschland für das gegenwärtige Hoheitsgebiet der
        Deutschen Demokratischen Republik in Kraft gesetzt wird, durch
        Vereinbarung zu regeln. Die Erfüllung der völkerrechtlichen und
        außenwirtschaftlichen Verpflichtungen der Deutschen Demokratischen
        Republik muß sichergestellt sein.

(2)   Die Vereinbarung bedarf zu ihrer Wirksamkeit der Zustimmung von
        zwei Dritteln der Mitglieder der Volkskammer und der Bestätigung
        in einem Volksentscheid.

                              44

(3) Diese Vereinbarung soll Regelungen über die beschleunigte Angleichung
der Wirtschaftskraft und der Lebensverhältnisse der auf dem gegenwärtigen Hoheitsgebiet der Deutschen Demokratischen Republik gelegenen
Landesteile und deren Bewohner an die im jetzigen Gebiet der
Bundesrepublik bestehenden Verhältnisse enthalten. Zur Verwirklichung
des Rechts der Bürger der Deutschen Demokratischen Republik auf
Beteiligung an der demokratischen Selbstbestimmung des deutschen
Volkes ist auf das Zusammentreten einer gesamtdeutschen verfassunggebenden Versammlung hinzuwirken.

(4) Die Vereinbarung soll ferner vorsehen, daß die in dieser Verfassung
garantierten Menschen- und Bürgerrechte auf dem gegenwärtigen
Hoheitsgebiet der Deutschen Demokratischen Republik auch dann
fortgelten, wenn sie Rechte begründen, die im Grundgesetz nicht
enthalten sind. Dies gilt auch für die unmittelbare Bindung Dritter
an diese Rechte. Sie sollen als Landesverfassungsrecht fortgelten;
die Geltung des Artikel 31 des Grundgesetzes für die Bundesrepublik
Deutschland soll insoweit ausgeschlossen sein. Die Vereinbarung soll
vorsehen, daß Rechtsvorschriften der Deutschen Demokratischen
Republik, die mit den vorgenannten Rechten vereinbar sind, nicht
aber mit dem Grundgesetz für die Bundesrepublik Deutschland, als
Landesrecht auf auf dem gegenwärtigen Hoheitsgebiet der Deutschen
Demokratischen Republik als Landesrecht fortgelten. Änderungen des
nach diesem Absatz fortgeltenden Rechts bedürfen der Zustimmung
aller auf dem gegenwärtigen Hoheitsgebiet der Deutschen Demokratischen Republik eingerichteten Länder.

Artikel 135

Bis zur Wahl des Präsidenten der Republik gemäß Artikel 86 nimmt
der Präsident der Volkskammer dessen Aufgaben und Befugnisse
wahr.

Artikel 136

Am Tage des Inkrafttretens dieser Verfassung verliert die Verfassung
der Deutschen Demokratischen Republik vom 6. April 1968 in der
zuletzt geänderten Fassung vom 5. April 1990 ihre Gültigkeit.

Artikel 137

(1) Diese Verfassung bedarf zu ihrer Annahme eines Beschlusses der
Volkskammer mit der Mehrheit von zwei Dritteln ihrer Mitglieder
und einer Bestätigung durch Volksentscheid. Sie kann als vorläufiges
Grundgesetz durch einen Beschluß der Volkskammer mit der Mehrheit
von zwei Dritteln ihrer Mitglieder in Kraft gesetzt werden.

(2) Die Verfassung wird vom Präsidenten der Volkskammer ausgefertigt
und im Gesetzblatt der Deutschen Demokratischen Republik verkündet.

45

Artikel 138

Diese Verfassung verliert ihre Gültigkeit an dem Tage, an dem eine
Verfassung in Kraft tritt, die von einer gesamtdeutschen verfassunggebenden Versammlung beschlossen und durch einen Volksentscheid
bestätigt worden ist oder an dem Tage, an dem sie nach Eintritt der
Voraussetzungen des Artikel 134 außer Kraft gesetzt wird.

Anmerkung zum Entwurf des Verfassungstextes:

Der hier vorgelegte Text ist jener, der im Verlagsvertrag zwischen dem Staatsverlag der DDR
und der Arbeitsgruppe „Neue Verfassung der DDR" des Runden Tisches vom 20. März 1990 als
Anlage 1 beigefügt wurde. Die Präambel wurde von Christa Wolf verfaßt.

Die Auflagenhöhe wurde bis zu 50.000 Exemplare als Broschur zum Preis von 1,50 Mark
geplant, und erhielt die ISBN 3-86163-002-8.

Anlage 2A

Präambel

Ausgehend von den humanistischen Traditionen, zu welchen die besten
Frauen und Männer aller Schichten unseres Volkes beigetragen haben,

eingedenk der Verantwortung aller Deutschen für ihre Geschichte und
deren Folgen,

gewillt, als friedliche, gleichberechtigte Partner in der Gemeinschaft der
Völker zu leben, am Einigungsprozeß Europas beteiligt, in dessen Verlauf
auch das deutsche Volk seine staatliche Einheit schaffen wird,

überzeugt, daß die Möglichkeit zu selbstbestimmtem verantwortlichen
Handeln höchste Freiheit ist,

gründend auf der revolutionären Erneuerung,

entschlossen, ein demokratisches und solidarisches Gemeinwesen zu entwickeln,
das

Würde und Freiheit des einzelnen sichert,
gleiches Recht für alle gewährleistet,
die Gleichstellung der Geschlechter verbürgt
und unsere natürliche Umwelt schützt,

geben sich die Bürgerinnen und Bürger der Deutschen Demokratischen
Republik diese Verfassung.

Anlage 3

Die folgenden Losungen wurden am 4.11.1989 zur Demo in Berlin
in der Zeit zwischen 10.00 und 13.00 durch vier Personen, die
sich in der Demo befanden, "festgehalten".
- Die Verfassung ist unmittelbar geltendes Recht Art.105
- Hört endlich auf zu lügen, die Wende kam vom Volk, nicht von
  der SED
- Neuer Wein in alten Flaschen
- Neues Forum- gegen jede Form von Gewalt, Neofaschismus und jede
  Form von Bevormundung
- Gebt uns   zu wählen, dann habt ihr was zu zählen
- Die Heimat t sich bunt gemacht
- Stasi an die Stanzen
- Reduzierung und Umkehr der Sicherheitsorgane
- 130000 Stasiknechte haben keine Sonderrechte, aus ihnen werden
  30000 Arbeitskräfte
- Stasi in die Produktion
- Stasi gegen Wohnungsnot
- Demokratie ohne Stasi
- Echte Reformer an die Macht
- Zuviel Macht in einer Hand ist nicht gut für unser Land
- Gegen die Arroganz der Macht!
- Egon, was sagst Du jetzt zu China?
-
  Rechts
  ~~Staats~~sicherheit   (Kein Tippfehler)
- Für freie Direktwahlen
- Eine Alternative SDP SDP- Sozialismus- Demokratie-Pluralismus
- (Einheitshände) - Tschüß
- Rücktritt und??
- Es ist die Zeit des Apparats nicht mehr
- Wer A sagt, muß auch Biermann sagen
- Neue Männer braucht das Land
- Auf die Dauer- ohne Mauer
- Prag 68 kein Bedauern- Kerr Krenz, Sie lassen uns erschauern
- 100 - 20 = 99,8 %
- Einigkeit, Recht, Freiheit
- Rücktritt der Regierung
- Alle Macht dem Volke
- Der Staat bin Ich
- Neues Forum für freie und geheime Wahlen, Rechtsstaatlichkeit,
  Grundrecht auf Freizügigkeit, Presse und Meinungsfreiheit und mehr
  Demokratie
- Vorwärts zu neuen Rücktritten
- Arbeiter- Eure Häuser in Wandlitz sind in Gefahr!
- Wer einmal lügt- (Sack mit Ballons)
- Nie wieder Wahlbetrug
- Reduzierung und Kontrolle der Sicherheitsorgane
- Keine Schnitzel für die Spitzel
- Die Wende in alter Form, mit alten Hüten
- Demokratie
- Neues Strafgesetzbuch ohne Gummi- §§
- Gegen Neonazismus
- Demokratie- Krenzenlos
- Wende
- Weg mit den Privilegien
- Wir bitten Krenz zu Tisch
- Im Frühling die Wahlen frisiert, im Sommer China gratuliert, im
  Herbst einwenig korrigiert, die SED hat reagiert

Anlage 4

Aufruf „Für unser Land"
Berlin, den 26.11.1989 (Abschrift)

Unser Land steckt in einer tiefen Krise. Wie wir bisher gelebt haben, können und wollen wir nicht mehr leben. Die Führung einer Partei hatte sich die Herrschaft über das Volk und seine Vertretungen angemaßt, vom Stalinismus geprägte Strukturen hatten alle Lebensbereiche durchdrungen. Gewaltfrei, durch Massendemonstrationen hat das Volk den Prozeß der revolutionären Erneuerung erzwungen, der sich in atemberaubender Geschwindigkeit vollzieht. Uns bleibt nur wenig Zeit, auf die verschiedenen Möglichkeiten Einfluß zu nehmen, die sich als Ausweg an der Krise anbieten.

Entweder

können wir auf der Eigenständigkeit der DDR bestehen und versuchen, mit allen unseren Kräften und in Zusammenarbeit mit denjenigen Staaten und Interessengruppen, die bereit sind, in unserem Land eine solidarische Gesellschaft zu entwickeln, in der Frieden und soziale Gerechtigkeit, Freiheit des einzelnen, Freizügigkeit aller und die Bewahrung der Umwelt gewährleistet sind.

Oder

Wir müssen dulden, daß, veranlaßt durch starke ökonomische Zwänge und durch unzumutbare Bedingungen, an die einflußreichen Kreise aus Wirtschaft und Politik in der Bundesrepublik ihre Hilfe für die DDR knüpfen, ein Ausverkauf unserer materiellen und moralischen Werte beginnt und über kurz oder lang die Deutsche Demokratische Republik durch die Bundesrepublik Deutschland vereinnahmt wird.

Laßt uns den ersten Weg gehen. **Noch** haben wir die Chance, in gleichberechtigter Nachbarschaft zu allen Staaten Europas eine sozialistische Alternative zur Bundesrepublik zu entwickeln. **Noch** können wir uns besinnen auf die antifaschistischen und humanistischen Ideale, von denen wir einst ausgegangen sind.

Alle Bürgerinnen und Bürger, die unsere Hoffnung und unsere Sorge teilen, rufen wir auf, sich diesem Appell durch ihre Unterschrift anzuschließen.

Götz Berger, Rechtsanwalt; Wolfgang Berghofer, Kommunalpolitiker; Frank Beyer, Regisseur; Volker Braun, Schriftsteller; Reinhard Brühl. Militärhistoriker; Tamara Danz, Rocksängerin; Christoph Demke, Bischof; Siegrid England, Pädagogin; Bernd Gehrke, Ökonom; Sighard Gille, Maler; Ingeborg Graße, Krankenschwester; Stefan Heym, Schriftsteller; Uwe Jahn, Konstruktionsleiter; Walter Janke, Schriftsteller; Gerda Jun, Ärztin/Psychotherapeutin; Dieter Klein, Politökonom; Günter Krusche, Generalsuperintendent;

Brigitte Lebentrau, Biologin; Bernd P. Löwe, Friedensfor-scher; Thomas Montag, Mediziner; Andreas Pella, Bauingenieur; Sebastian Pflugbeil, Physiker; Ulrike Poppe, Hausfrau; Martin Schmidt, Ökonom; Friedrich Schorlemmer, Pfarrer; Andree Türpe, Philosoph; Jutta Wachowiak, Schauspielerin; Hein Warzecha, Generaldirektor; Konrad Weiss, Filmemacher; Angela Wintgen, Zahnärztin; Christa Wolf, Schriftstellerin.

Aus: Siegfried Prokop (Hrsg.):
Die kurze Zeit der Utopie. Die „zweite" DDR im vergessenen Jahr 1989/1990. Berlin 1994. Seiten 214 f.

Anlage 5

Berlin, 15. Januar 1990

Erklärung des Vorsitzenden des Ministerrates der DDR,
Hans Modrow, vor den Teilnehmern am Runden Tisch

Sehr geehrte Damen und Herren!

Es ist mir schwergefallen, Ihrer Einladung nachzukommen, und es
ist unumgänglich, daß ich Sie nach etwa einer Stunde verlasse,
um bei der Neujahrsbegegnung mit dem Diplomatischen Corps anwesend zu sein.

Nehmen Sie mein Kommen heute - einen weiteren Vorschlag werde
ich Ihnen gleich machen - als Zeichen des guten Willens und vor
allem der großen Sorge um die innenpolitische Situation.

In der jüngsten Regierungserklärung habe ich von den Unruhigen
im Lande gesprochen, die für eine weitere demokratische Entwicklung gebraucht werden. Zugleich sind - und das ist kein Widerspruch - Vernunft und Augenmaß erforderlich, damit die DDR nicht
aus den Fugen gerät. Käme es dahin, und manche scheinen das zu
wollen, würde den Bürgern dieser Republik wie denen der Bundesrepublik und der politischen Stabilität Europas der denkbar
schlechteste Dienst erwiesen, ja ein schwarzer Tag bereitet.

Wir alle stehen in der Verantwortung, dies zu verhindern. Deshalb
appelliere ich an die Bürger der DDR, Besonnenheit zu wahren.
Ich fordere eine Reihe von Politikern und Medien der Bundesrepublik
Deutschland noch einmal auf, die DDR nicht zum Tummelplatz der
Einmischung zu machen. Und ich bitte die Vertreter aller Parteien
und Gruppierungen hier am Runden Tisch den Ministerpräsidenten
und seine Regierung an ihrer Aufgabe nicht zerbrechen zu lassen,
sondern dafür zu sorgen, daß sie die notwendige Arbeit tun können.

Jeder, der politische Verantwortung beansprucht, kann an einen
Punkt kommen, an dem er sich zwischen Allgemeinwohl und
parteipolitischem Ziel zu entscheiden hat. Ich habe mich mit
Übernahme meines Amtes für die Arbeit im Interesse aller Bürger
entschieden. Es wäre ein Gebot der Fairneß, dies anzuerkennen.
Es wäre den Bürgern der DDR dienlich, bei dieser Arbeit zu
helfen.

Ich hoffe, daß die heute zur Erörterung stehenden Sachfragen
diesmal durch die Regierungsvertreter zufriedenstellend beantwortet
werden können. Aus der am 8. Januar geäußerten Kritik habe ich
Konsequenzen gezogen. Herr Koch wurde von seiner Funktion als
Regierungsbeauftragter für die Auflösung des Amtes für Nationale
Sicherheit entbunden.

Ich nehme diese Gelegenheit wahr, den Vertretern der evangelischen
und der katholischen Kirche sowie der Arbeitsgruppe Christlicher
Kirchen für ihr großes Bemühen um den Runden Tisch und den inneren
Frieden der DDR zu danken.

In meiner Erklärung in der Volkskammer am 11. Januar habe ich
bereits die wichtige, ja unverzichtbare Arbeit des Runden Tisches
hervorgehoben, die für die demokratische Erneuerung geleistet
wird. Ich wiederhole und betone:

Die Regierung braucht und sucht den Rat der am Runden Tisch
beteiligten Parteien und Gruppierungen. Die Demokratisierung ebenso
wie die Stabilisierung und Reform der Wirtschaft erfordern den
Konsens aller verantwortungsbewußten Kräfte. Daß er streitbar
herbeigeführt werden muß, ergibt sich aus dem politischen Pluralis-
mus nicht nur an diesem Tisch, insbesondere aber aus der komplizierten Situation in der DDR. Ein anderes Verständnis zum Runden Tisch
hatte und habe ich nicht.

Mein Anliegen an Sie umfaßt drei Hauptsachen:

Erstens und vor allem sollten wir gemeinsam dafür Sorge tragen, daß
die weitere innenpolitische Entwicklung sich friedlich vollzieht,
das humanistische Wort der im Oktober begonnenen Revolution
"Keine Gewalt!" gültig bleibt. Das gebietet die Verantwortung für
Leben und Gesundheit der Bürger ebenso wie unsere Verantwortung
vor der Welt.

Zweitens bitte ich Sie mitzuhelfen, daß die Arbeit in allen
Bereichen der Wirtschaft ungestört und so produktiv wie möglich
geleistet werden kann, damit das tägliche Leben in normalen Bahnen
verläuft und die Reformprozesse fortgesetzt werden können. Dies
sehe ich auch als notwendige Voraussetzung für eine hohe Wirksamkeit der von der Bundesrepublik Deutschland zugesagten solidarischen
Unterstützung.

Drittens bitte ich Sie, Ihren politischen Einfluß geltend zu
machen, damit die Bürger der DDR in ihrer angestammten Heimat
bleiben. Niemand kann nach rund acht Wochen Regierungsarbeit
Wunder erwarten. Ich versichere jedoch allen Bürgern der DDR:
Unser Land hat die realistische Chance, durch eigene Anstrengungen
und Hilfen von außen noch in diesem Jahr zu einer Stabilisierung
von materieller Produktion und Versorgung zu kommen, die den
Beginn einer Prosperität einleitet. Es lohnt sich, in der DDR zu
bleiben.

Lassen Sie mich von dem Dargelegten ausgehend, die Vorschläge
hervorheben und ergänzen, die meine Regierung dem Runden Tisch
gemacht hat. Dies sind inbesondere:

- unmittelbare und verantwortliche Teilnahme an der Regierungsarbeit durch kompetente Persönlichkeiten,
- Mitwirkung in Kommissionen, Arbeitsgruppen und anderen Gremien
  der Regierung sowie ihrer Organe einschließlich des Wirtschafts-
  komitees,
- Einbringen inhaltlicher Vorstellungen für mein nächstes Treffen
  mit dem Bundeskanzler der BRD, inbesondere für den Inhalt der
  Vertragsgemeinschaft

- Teilnahme einer Gruppe von Vertretern des Runden Tisches an
  dem Arbeitstreffen mit dem Kanzler der BRD,
- Mitwirken an der Vorbereitung von Gesetzen sowie Verordnungen
  und anderen wichtigen Entscheidungen des Ministerrates mit dem
  Ziel, die Regierungsarbeit effizienter zu machen. Ich denke
  hier an die Mitarbeit zur Ausgestaltung notwendiger Reformen,
  die vor dem 6. Mai zum Tragen kommen sollen, sowie zur Arbeit
  der DDR im RGW, aber auch und besonders an ein Mitwirken an
  Regelungen und wirksameren Methoden für den raschen Wiederein-
  satz freiwerdender bzw. freigewordener Kräfte.

Gewünschte Offenlegung von wirtschaftlichen Zusammenhängen und
Daten werden wir Ihnen nach rechtzeitiger Vereinbarung gewährleisten.

Was die Auflösung des Amtes für Nationale Sicherheit und die
ursprünglich vorgesehenen beiden Ämter betrifft, verweise ich
auf meine Ausführungen in der jüngsten Volkskammertagung.
Danach wird es bis zum 6. Mai keine neuen Ämter geben. Über die
weitere Auflösung des Amtes für Nationale Sicherheit wird die
Regierung öffentlich informieren. Heute werden Ihnen die
Regierungsvertreter an Hand von Beschlüssen des Ministerrates
bereits Einzelheiten erläutern. Ich bitte erneut um Ihre Mitarbeit bei der zivilen Kontrolle der Auflösung des genannten
Amtes.

Es ist uns sehr daran gelegen, daß die Arbeiten am Parteiengesetz
und am Wahlgesetz von allen Beteiligten zügig vorangebracht
werden.

Ausgehend von den hier dargelegten Hauptanliegen der Regierung
und von Vorschlägen des Runden Tisches werden weiterhin Vertreter
der Regierung mit Sachkompetenz und Vollmachten den Beratungen
am Runden Tisch zur Verfügung stehen.

Angesichts von Gewicht und Dringlichkeit der anstehenden Probleme schlage ich Ihnen vor, daß meine Stellvertreter Luft und Moreth, die weiteren Mitglieder des Ministerrates Fischer, Meyer und Wünsche sowie ich am 22. Januar am Runden Tisch ausführlich Gelegenheit haben, Ihre Ansichten zu erfahren, die eigene Meinung darzulegen sowie auf Fragen zu antworten.

Lassen Sie mich wiederholen: Es ist mein besonderes Anliegen, daß die Regierung mit Ihrer Unterstützung handlungsfähig bleibt.

Meine Damen und Herren!

Entsprechend der Tagesordnung werden Sie nun den Bericht der Regierung zur inneren Sicherheit, erstattet durch den Minister für Innere Angelegenheiten, Herrn Ahrendt, sowie den Zwischenbericht über den Stand der Auflösung des Amtes für Nationale Sicherheit entgegennehmen. Dazu wird der von mir beauftragte Herr Manfred Sauer, Stellvertretender Leiter des Sekretariats des Ministerrates, sprechen.

Wenn Sie gestatten, möchte ich zum zweiten Bericht noch folgendes erklären:

1. Das Material, von dem Sie und über die Medien die Bürger unseres Landes Kenntnis erhalten werden, war Gegenstand mehrerer Beratungen, schließlich auch im Ministerrat am Wochenende. Dabei ging es vorrangig darum, bei der Erarbeitung des Zwischenberichtes all jene berechtigten Kritiken zu berücksichtigen, die sowohl hier am Runden Tisch als auch in der Volkskammer an der ungenügenden Offenlegung der Tatsachen geübt worden sind. D.h., wir haben mit aller Entschiedenheit darauf gedrungen, daß hier eine intensive und gründliche Prüfung und Aufarbeitung erfolgt, entscheidende Voraussetzung für ein wirksames, beschleunigtes Vorgehen bei der Auflösung des Amtes für Nationale Sicherheit und bei der Beseitigung der alten Strukturen des ehemaligen MfS.

2. Gleichzeitig wurde und wird die Regierungskommission umgebildet,
   sie erhält einen neuen Leiter und wird durch Mitarbeiter mit
   Kompetenz verstärkt. Durch diese Maßnahmen sowie durch die
   Festlegung exakter Termine für die nächsten Etappen der Auflösung des Amtes für Nationale Sicherheit wird es möglich sein,
   diesen Prozeß früher abzuschließen als ursprünglich vorgesehen.
   Natürlich werden wir darüber den Runden Tisch und unsere Bürger
   stets auf dem laufenden halten.

3. Schließlich möchte ich hier noch einmal die Kooperationsbereit-
   schaft meiner Koalitionsregierung bekräftigen. Es sollte nicht
   nur zu einem engeren Zusammenwirken unseres Regierungsbeauf-
   tragten mit der Arbeitsgruppe Sicherheit des Rundes Tisches
   kommen, sondern es steht auch - ich möchte das noch einmal
   sagen - das Angebot an die Teilnehmer des Runden Tisches, ab
   sofort durch zivile Kontrolle an der Arbeit der Regierung zur
   Auflösung des Amtes für Nationale Sicherheit mitzuwirken. Wir
   sind auch bereit, wenn erforderlich, die Arbeitsgruppe Sicherheit des Runden Tisches durch Fachleute der Regierung zu unter-
   stützen.

Um abzuschließen: Ich hoffe auf ein enges Zusammenwirken Regierung -
Runder Tisch. Es geht nicht nur darum, auch auf diesem Gebiet die
Vergangenheit aufzuarbeiten. Es geht auch und vor allem darum, die
Ursachen für bestehende Ängste ein für allemal zu beseitigen und
Vertrauen zueinander zu schaffen. Ohne dieses Vertrauen zueinander
ist ein Vorankommen auf dem Wege der demokratischen Erneuerung
nicht möglich. Darin sollte es - das ist mein sehnlichster Wunsch -
nicht nur hier am Runden Tisch, sondern in unserem ganzen Lande
Einvernehmen geben.

Anlage 6

Potsdamer Erklärung

Potsdamer Erklärung zur gesamtdeutschen Verfassung gemäß Artikel 146 Grundgesetz für die Bundesrepublik Deutschland.

Erarbeitet auf der Konferenz »Deutschland – in bester Verfassung? Der Aufbruch in Hessen und Brandenburg. Der Neubeginn in Potsdam vor 20 Jahren. Das Grundgesetz heute.« am 23. Mai 2012 in Potsdam.

Das Grundgesetz für die Bundesrepublik Deutschland wurde als Provisorium für die BRD geschaffen. Es wurde in der Woche vom 16. bis 22. Mai 1949 von den Volksvertretungen der beteiligten deutschen Länder – mit Ausnahme Bayerns – mit Zwei-Drittel-Mehrheit angenommen. Die Verfassung der Deutschen Demokratischen Republik von 1949 betrachtete Deutschland als unteilbare demokratische Republik. Der Artikel 146 Grundgesetz enthält implizit das Eingeständnis der mangelnden demokratischen Legitimation: «Dieses Grundgesetz, das nach Vollendung der Einheit und Freiheit Deutschlands für das gesamte deutsche Volk gilt, verliert seine Gültigkeit an dem Tage, an dem eine Verfassung in Kraft tritt, die von dem deutschen Volke in freier Entscheidung beschlossen worden ist.»

Die hier in Potsdam am 23. Mai zusammengekommenen Persönlichkeiten vertreten die Meinung, dass die Zeit reif ist, den Artikel 146 des Grundgesetzes für die Bundesrepublik Deutschland zu verwirklichen. Zahlreiche Fragen lässt das Grundgesetz unberücksichtigt, die teilweise bereits in den Länderverfassungen, die unter demokratischer Beteiligung der Bevölkerung verabschiedet wurden, enthalten sind.

Zu den offenen Fragen gehören insbesondere:
- die Aufnahme sozialer Grundrechte und die Konkretisierung des Sozialstaatsprinzips,
- ein striktes Verbot der Privatisierung bisher staatlicher Einrichtungen im Bereich der öffentlichen Daseinsvorsorge sowie eine wirksame Regulierung des Bankensektors,
- das Verfahren der Volksgesetzgebung,
- eine ausdrücklichere Festlegung auf die Friedensstaatlichkeit,
- das Verbot von Kriegseinsätzen der Bundeswehr im Ausland,
- eine Antifaschismusklausel,
- die Aufnahme von Kinderrechten und des Schutzes von ethnischen Minderheiten sowie die Wiederherstellung des Grundrechts auf Asyl,
- ein striktes Verbot des Betriebes von Atomkraftwerken sowie die Verpflichtung auf wirksame Maßnahmen zum Klimaschutz,
- die Verpflichtung des Staates zu wirksamen Maßnahmen zum Schutz persönlicher Daten,
- die stärkere Akzentuierung der Verpflichtung zu sozialer Politik und eines solidarischen Wirtschaftssystems anstelle angeblich «freier Marktwirtschaft» im Europaartikel 23 GG.

Eine deutsche Verfassung sollte den Prozess sozialer Gerechtigkeit, Demokratie und Frieden in der Europäischen Union befördern und stärken. Das dritte Jahrzehnt der Vereinigung hat schon begonnen, die Zeit ist reif, um in eine Verfassungsdiskussion einzutreten, an deren Ende eine Verfassung in Kraft tritt, die von dem deutschen Volk in freier Entscheidung beschlossen worden ist.

Quelle: Deutschland in bester Verfassung? Der Aufbruch 1945 in Hessen und Brandenburg. Der Neubeginn in Potsdam vor 20 Jahren. Das Grundgesetz heute. Dokumentation zur Konferenz zu Gesetz und Gesellschaft, 23. Mai 2012, im Cecilienhof und im Haus der Brandenburgisch-Preußischen Geschichte, Berlin Oktober 2012, Seite 40.

Deutschland –
in bester Verfassung?
Der Aufbruch 1945 in Hessen und Brandenburg
Potsdamer Konferenz, Cecilienhof
Der Neubeginn in Potsdam vor 20 Jahren
Das Grundgesetz heute
Konferenz zu Gesetz
und Gesellschaft
23. Mai 2012, im Cecilienhof, 10.00–14.00 Uhr
und im Haus der Brandenburgisch-Preußischen Geschichte, 15.00–17.30 Uhr
mit
Christian Bommarius, Hans-Otto Bräutigam, Manfred
Coppik, Klaus Emmerich, Gregor Gysi, Luc Jochimsen,
Kerstin Kaiser, Martin Kutscha, Wolfgang Nešković,
Franz Sodann, Volkmar Schöneburg, Ulrich Wilken
Eine Veranstaltung der Rosa-Luxemburg-Stiftung in Kooperation
mit den Fraktionen DIE LINKE. im Deutschen Bundestag,
im Landtag Brandenburg und im Hessischen Landtag

Anlage 7

Antrag der Arbeitsgruppe "Neue Verfassung der DDR"

Öffentliche Diskussion des Verfassungsentwurfs des Runden Tisches und Volksentscheid über eine neue Verfassung der DDR am 17. Juni 1990

Der Runde Tisch möge beschließen:

1. Die vorgelegten und in Arbeit befindlichen Teile des Entwurfs der neuen Verfassung der DDR sollen von der Arbeitsgruppe zu einem Gesamtentwurf bearbeitet werden.

2. Der Runde Tisch beauftragt die Arbeitsgruppe, diesen Verfassungsentwurf im April 1990 der Öffentlichkeit zur Diskussion zu übergeben.

3. Der Runde Tisch empfiehlt der neugewählten Volkskammer, die Arbeitsgruppe "Neue Verfassung" dann in die Tätigkeit des zu bildenden Verfassungsausschusses einzubeziehen, wenn er die Ergebnisse der öffentlichen Verfassungsdiskussion auswertet.

4. Der Runde Tisch schlägt der neugewählten Volkskammer vor, für den 17. Juni 1990 einen Volksentscheid über die Verfassung der DDR auszuschreiben.

Anlage 8

Parteien und Bewegungen in der DDR (Oktober 1989 bis April 1990)

Bauernverband der DDR*

Bund Freien Demokraten - Die Liberalen (BFD)
(siehe auch DFP, LDP, NDPD)

Bund Sozialistischer Arbeiter (BSA)

Christlich-Demokratische Jugend (CDJ)*

Christlich-Demokratische Union Deutschlands (CDU)

Christlich-Demokratische Volkspartei (CDVP)*

Christliche Liga- Partei für das Leben

Demokratie Jetzt (DJ)

Demokratische Bauernpartei Deutschlands (DBD)

Demokratische Partei der Arbeiterklasse und Intelligenz (DPAI)*

Demokratischer Aufbruch- sozial + ökologisch (DA)

Demokratischer Frauenbund Deutschlands (DFD)

Deutsche Biertrinker Union (DBU)

Deutsche Forumpartei (DFP)

Deutsche Jugendpartei (DJP)

Deutsche Soziale Union (DSU)

Deutsche Umweltschutzpartei (DU)*

Deutscher Regenbogen*

Domowina – Bund Lausitzer Sorben*

„Einheit Jetzt" (Partei)

Europa-Union der DDR (EU der DDR)

Europäische Förderalistische Partei- Europa Partei (EFP)

Freie Demokratische Partei (F.D.P.)

Freie Deutsche Jugend (FDJ)

Freier Deutscher Gewerkschaftsbund (FDGB)*

Freisoziale Union (FSU)*

Grüne Jugend (GJ)

Grüne Partei

Initiative für Frieden und Menschenrechte (IFM)

Junge Demokraten

Junge Sozialdemokraten*

Junge Union (JU)*

Jungliberale Aktion (Juli A)

Komitee der Antifaschistischen Widerstandskämpfer der DDR

Kommunistische Partei Deutschlands (KPD)

Landjugendverband der DDR (LJV)*

Liberal-Demokratische Partei (LDP)

Liga für limitierte verweigernde Kriegsdienstgegner*

Marxistische Jugendvereinigung „Junge Linke" (MPD)

Marxistische Partei Deutschlands (MPD)*

National-Demokratische Partei Deutschlands (NDPD)

Nationale Alternative (NA)*   (wurde gemäß §3 Parteiengesetz wegen rechtsradikaler Handlungen aus dem Parteienregister gestrichen)

DIE NELKEN (marxistische Partei)

NEUES FORUM (NF)

Ökologisch-Demokratische Partei (ÖDP)*

Partei des Demokratischen Sozialismus (PDS)

Reine Arbeiterpartei (RAP)*

Senioren-Schutz-Bund „Graue Panther" (SSB)*

Sozial-Demokratische Partei der DDR (SDP)

Sozialdemokratische Partei Deutschlands (SPD)

Sozialistischer Studentenbund (SSB)*

Spartakist-Arbeiterpartei Deutschlands (SpAD)

Spartakist-Arbeiterpartei Deutschlands-Leninisten (SpAD-Leninisten)

Unabhängige Sozialdemokratische Partei Deutschlands (USPD)

Unabhängige Volkspartei (UVP)

Unabhängiger Frauenverband (UFV)

Vereinigte Linke (VL)

Vereinigung der Arbeiterklasse für Arbeitnehmerpolitik und Demokratie (VAA)*
        *Nichtteilnahme an Volkskammerwahlen

        Quelle: Parteien und politische Bewegungen…

Anlage 9

Amtliches Endergebnis der Wahlen zur Volkskammer am 18. März 1990

	DDR (gesamt)	Berlin	Cottbus	Dresden	Erfurt	Frankft. (O.)	Gera	Halle
Christlich-Demokratische Union Deutschlands (CDU)	4 710 598 (163 Mandate)	161 960 (6)	255 435 (9)	538 240 (19)	485 297 (17)	134 222 (5)	253 524 (9)	557 694 (19)
Sozialdemokratische Partei Deutschlands (SPD)	2 525 534 (88)	308 833 (11)	115 001 (4)	115 893 (4)	161 558 (6)	153 904 (5)	85 523 (3)	257 430 (9)
Partei des Demokratischen Sozialismus (PDS)	1 892 381 (66)	267 834 (9)	106 733 (4)	176 629 (6)	85 764 (3)	106 412 (4)	65 072 (2)	170 808 (6)
Deutsche Soziale Union (DSU)	727 730 (25)	19 733 (1)	28 476 (1)	165 280 (6)	21 212 (1)	16 920 (—)	42 574 (1)	34 026 (1)
Bund Freier Demokraten DFP–LDP*–F.D.P. Die Liberalen	608 935 (21)	26 591 (1)	31 258 (1)	66 392 (2)	39 166 (1)	20 413 (1)	26 471 (1)	123 336 (4)
Bündnis 90**	. 336 074 (12)	56 078 (2)	15 976 (1)	43 702 (2)	15 661 (1)	15 200 (—)	13 393 (—)	29 529 (1)
Demokratische Bauernpartei Deutschlands (DBD)	. 251 226 (9)	4 065 (—)	20 285 (1)	33 770 (1)	12 005 (—)	13 954 (—)	7 023 (—)	21 793 (1)
Grüne Partei + Unabhängiger Frauenverband (Grüne Partei – UFV)	226 932 (8)	23 565 (1)	11 841 (—)	21 475 (1)	17 694 (1)	10 761 (—)	10 626 (—)	19 868 (1)
Demokratischer Aufbruch – sozial + ökologisch (DA)	106 146 (4)	9 032 (1)	4 723 (—)	12 897 (1)	16 457 (1)	3 476 (—)	8 709 (—)	7 155 (—)
National-Demokratische Partei Deutschlands (NDPD)*	44 292 (2)	1 558 (—)	3 983 (—)	6 429 (1)	2 395 (—)	2 060 (—)	1 917 (—)	3 999 (1)
Demokratischer Frauenbund Deutschlands (DFD)	38 192 (1)	(—)	(—)	5 267 (—)	2 690 (—)	2 393 (—)	1 908 (—)	5 297 (1)
Aktionsbündnis Vereinigte Linke (AVL) Die Nelken – VL	20 342 (1)	2 863 (1)	1 106 (—)	1 638 (—)	1 289 (—)	937 (—)	831 (—)	2 257 (—)
Alternative Jugendliste (AJL) DJP – GJ – MJV – FDJ	14 616 (—)	768 (—)	1 079 (—)	1 441 (—)	878 (—)	812 (—)	481 (—)	1 482 (—)
CHRISTLICHE LIGA	10 691 (—)	(—)	(—)	4 811 (—)	(—)	(—)	(—)	(—)
Kommunistische Partei Deutschlands (KPD)	8 819 (—)	1 054 (—)	596 (—)	973 (—)	624 (—)	689 (—)	372 (—)	(—)
Unabhängige Sozialdemokratische Partei Deutschlands (USPD)	3 891 (—)	(—)	(—)	(—)	(—)	(—)	(—)	(—)
Europäische Föderalistische Partei . Europa Partei (EFP)	3 636 (—)	292 (—)	281 (—)	855 (—)	(—)	(—)	240 (—)	433 (—)
Unabhängige Volkspartei (UVP)	3 007 (—)	289 (—)	(—)	1 202 (—)	(—)	370 (—)	(—)	489 (—)
Deutsche Biertrinker Union (DBU)	2 534 (—)	(—)	(—)	(—)	(—)	· (—)	(—)	(—)
Spartakist-Arbeiterpartei Deutschlands (SpAD)	2 417 (—)	620 (—)	595 (—)	(—)	(—)	(—)	(—)	838 (—)
Einheit jetzt	2 396 (—)	485 (—)	(—)	(—)	(—)	(—)	(—)	(—)
Bund Sozialistischer Arbeiter (BSA) Deutsche Sektion der 4. Internationale	386 (—)	386 (—)	(—)	(—)	(—)	(—)	(—)	(—)
Vereinigung der Arbeitskreise für Arbeitnehmerpolitik und Demokratie (VAA)	380 (—)	167 (—)	(—)	(—)	(—)	(—)	(—)	(—)
Europa-Union der DDR	— (—)	(—)	(—)	(—)	(—)	(—)	(—)	(—)

	K.-M.-Stadt	Leipzig	Magdeburg	N'brandenb.	Potsdam	Rostock	Schwerin	Suhl
Christlich-Demokratische Union Deutschlands (CDU)	594 166 (20)	371 346 (13)	386 694 (13)	151 562 (5)	244 569 (8)	211 774 (7)	161 774 (6)	202 403 (
Sozialdemokratische Partei Deutschlands (SPD)	206 673 (7)	201 703 (7)	240 205 (8)	89 146 (3)	269 041 (10)	153 137 (5)	103 103 (4)	64 384 (
Partei des Demokratischen Sozialismus (PDS)	149 176 (5)	135 718 (5)	124 391 (4)	108 589 (4)	129 627 (4)	142 929 (5)	72 464 (3)	50 235 (
Deutsche Soziale Union (DSU)	195 427 (7)	94 520 (3)	17 058 (1)	8 618 (—)	23 022 (1)	17 238 (1)	7 979 (—)	35 647 (
Bund Freier Demokraten DFP – LDP* – F. D. P. Die Liberalen	79 078 (3)	50 462 (2)	38 578 (1)	12 757 (—)	38 508 (1)	20 843 (1)	18 489 (1)	16 593 (
Bündnis 90**	27 352 (1)	31 230 (1)	17 011 (1)	6 700 (—)	29 919 (1)	16 478 (1)	10 337 (—)	7 508 (—)
Demokratische Bauernpartei Deutschlands (DBD)	14 084 (—)	15 431 (1)	15 616 (1)	26 304 (1)	17 530 (1)	27 288 (1)	16 408 (1)	5 670 (—)
Grüne Partei + Unabhängiger Frauenverband (Grüne Partei – UFV)	21 319 (1)	17 381 (1)	17 427 (1)	7 587 (—)	16 822 (1)	11 769 (—)	9 605 (—)	9 192 (—)
Demokratischer Aufbruch – sozial + ökologisch (DA)	12 966 (1)	6 482 (—)	5 926 (—)	2 172 (—)	5 903 (—)	4 049 (—)	2 354 (—)	3 845 (—)
National-Demokratische Partei Deutschlands (NDPD)*	3 847 (—)	3 044 (—)	3 382 (—)	2 759 (—)	2 759 (—)	2 443 (—)	2 176 (—)	1 541 (—)
Demokratischer Frauenbund Deutschlands (DFD)	5 233 (—)	3 867 (—)	4 246 (—)	2 404 (—)	(—)	3 159 (—)	(—)	1 728 (—)
Aktionsbündnis Vereinigte Linke (AVL) Die Nelken – VL	2 323 (—)	1 296 (—)	1 168 (—)	693 (—)	1 657 (—)	1 079 (—)	627 (—)	578 (—)
Alternative Jugendliste (AJL) DJP – GJ – MJV – FDJ	1 547 (—)	1 144 (—)	1 142 (—)	598 (—)	1 137 (—)	832 (—)	673 (—)	602 (—)
CHRISTLICHE LIGA	5 880 (—)	(—)	(—)	(—)	(—)	(—)	(—)	(—)
Kommunistische Partei Deutschlands (KPD)	1 158 (—)	840 (—)	889 (—)	(—)	689 (—)	581 (—)	354 (—)	(—)
Unabhängige Sozialdemokratische Partei Deutschlands (USPD)	(—)	(—)	823 (—)	534 (—)	1 244 (—)	450 (—)	(—)	245 (—)
Europäische Föderalistische Partei Europa Partei (EFP)	440 (—)	317 (—)	(—)	246 (—)	307 (—)	(—)	225 (—)	(—)
Unabhängige Volkspartei (UVP)	(—)	360 (—)	(—)	(—)	288 (—)	(—)	(—)	(—)
Deutsche Biertrinker Union (DBU)	(—)	(—)	(—)	(—)	(—)	2 534 (—)	(—)	(—)
Spartakist-Arbeiterpartei Deutschlands (SpAD)	(—)	511 (—)	(—)	(—)	(—)	448 (—)	(—)	(—)
Einheit jetzt	1 061 (—)	850 (—)	(—)	(—)	(—)	(—)	(—)	(—)
Bund Sozialistischer Arbeiter (BSA) Deutsche Sektion der 4. Internationale	(—)	(—)	(—)	(—)	(—)	(—)	(—)	(—)
Vereinigung der Arbeitskreise für Arbeitnehmerpolitik und Demokratie (VAA)	(—)	213 (—)	(—)	(—)	(—)	(—)	(—)	(—)
Europa-Union der DDR	(—)	(—)	(—)	(—)	(—)	(—)	(—)	(—)

* Die NDPD beschloß am 28. 3. 1990 den kooperativen Beitritt zum „Bund Freier Demokraten – Die Liberalen", wie sich seit 27. 3. 1990 die frühere LDP nennt.
Durch Sternchen an den früheren Parteinamen LDP und NDPD soll bei den betreffenden Abgeordneten auf diesen Fakt aufmerksam gemacht werden.

** Das Bündnis 90 umfaßt: NEUES FORUM – DEMOKRATIE JETZT – INITIATIVE Frieden und Menschenrechte.

Quelle: Die Volkskammer der DDR 10. Wahlperiode. Die Abgeordneten der Volkskammer nach den Wahlen vom 18. März 1990 (Seite 38 f.).

Anlage 10

VOLKSKAMMER

DER DEUTSCHEN DEMOKRATISCHEN REPUBLIK

10. Wahlperiode	– 3. Tagung –	Donnerstag, den 19. April 1990

Präsidentin Dr. Bergmann-Pohl:

Vielen Dank, Herr Ministerpräsident für Ihre Regierungserklärung.

Verehrte Abgeordnete! Ich darf Ihnen mitteilen, daß wir die Aussprache der Fraktionen zur Regierungserklärung morgen um 9.00 Uhr auf unserer 4. Tagung der Volkskammer durchführen.

Wir kommen nun zum Punkt 2 der Tagesordnung:

Aktuelle Stunde zum Verfassungsentwurf des Runden Tisches

Auf der Grundlage des Paragraphen 38 der Vorläufigen Geschäftsordnung der Volkskammer liegt dazu dem Präsidium von der Fraktion Bündnis 90/Grüne ein entsprechender Antrag vor.

Das Präsidium hat sich geeinigt, jeder Fraktion die Möglichkeit einzuräumen, je zweimal 5 Minuten zu dieser Problematik das Wort zu nehmen.

Ich bitte den Abgeordneten Gerd Poppe, Fraktion Bündnis 90/Grüne, das Wort zu nehmen.

Abg. Poppe (Bündnis 90/Grüne):

Frau Präsidentin! Meine Damen und Herren! Ich spreche hier heute nicht nur für die Fraktion Bündnis 90/Grüne, sondern auch im Auftrag der Arbeitsgruppe Neue Verfassung des Runden Tisches. Deshalb bitte ich Sie, für den Fall, daß ich meine Redezeit ein wenig überziehe, nicht um Nachsicht, sondern auch darum, dies nicht nur unserer Fraktion anzurechnen.

Der Zentrale Runde Tisch hatte am 7. Dezember 1989 während seiner ersten Sitzung eine Arbeitsgruppe gebildet, um den Entwurf einer neuen Verfassung der DDR auszuarbeiten. Am 12. März 1990, während der letzten Sitzung, wurde ein Teil des Entwurfes am Runden Tisch vorgestellt. Die Arbeitsgruppe erhielt den Auftrag, den Gesamtentwurf im April der Öffentlichkeit zur Diskussion zu übergeben.

Der Volkskammer wurde empfohlen, zur Auswertung der öffentlichen Diskussion die Arbeitsgruppe in die Tätigkeit des neuzubildenden Verfassungsausschusses einzubeziehen, einen Volksentscheid über die neue Verfassung am 17. Juni 1990 herbeizuführen und sich für den Fall der Bildung einer gesamtdeutschen verfassunggebenden Versammlung dafür einzusetzen, daß der Entwurf Bestandteil der Diskussion wird.

All diese Entscheidungen wurden am Runden Tisch mit großer Mehrheit getroffen. An der Ausarbeitung des Entwurfs waren alle Parteien und Vereinigungen des Runden Tisches beteiligt, darüber hinaus eine Reihe von Experten aus der DDR und aus der Bundesrepublik.

Der Gesamtentwurf wurde in der Plenarsitzung der Arbeitsgruppe am 4. April von Vertretern all jener Parteien und Vereinigungen des Runden Tisches verabschiedet. Diese könnten in ihrer Gesamtheit in der neugewählten Volkskammer durchaus eine verfassunggebende Mehrheit bilden.

Die am Entwurf Beteiligten waren sich darüber einig, daß eine neue Verfassung wesentlich dazu beitragen würde, das bewußt politisch handelnde Individuum, den mündigen und kreativen,

51

seine Menschen- und Grundrechte verwirklichenden Bürger zum Träger der Volkssouveränität werden zu lassen.

Die Verfassungsausarbeitung sollte auch zum konsensfördernden Prozeß zwischen Parteien, Bürgerbewegungen und den Bürgern selbst gestaltet werden.

Die Verfassung schafft erst die Grundlage für den auf der Volkssouveränität beruhenden Rechtsstaat. Erst sie begründet eine ausreichende Legitimation für die Arbeit des Parlaments, auch und gerade eines freigewählten.

Meine Damen und Herren! Sie haben bereits in den beiden ersten Plenartagungen feststellen können - und diejenigen von Ihnen, die schon länger Abgeordnete der Volkskammer sind, kennen das Problem seit Monaten -, daß die gesetzgeberische Arbeit erheblich durch die wöchentlich notwendigen Verfassungsänderungen belastet wird.

Eine Beschlußfassung über verfassungsändernde Einzelgesetze, selbst der Austausch ganzer Kapitel, wird die Schwierigkeiten, die wir mit der noch gültigen Verfassung haben, die immer ein Bestandteil des stalinistischen, administrativ-bürokratischen Systems bleiben wird, nicht beheben.

Deshalb plädieren wir für die Inkraftsetzung des neuen Entwurfs als vorläufiges Grundgesetz durch die Volkskammer und für die Bestätigung durch einen Volksentscheid nach einer öffentlichen Diskussion.

Dieser Diskussion steht nichts mehr im Wege. Zwei Verlage der DDR liefern zur Zeit eine große Anzahl von Exemplaren des Entwurfes aus. Darüber hinaus wurde er in der Presse veröffentlicht.

Meine Damen und Herren! Ich nehme an, daß viele von Ihnen bereits begonnen haben, sich mit dem Entwurf vertraut zu machen. Deshalb und in Anbetracht der kurzen Redezeit möchte ich jetzt auf Einzelheiten des Entwurfs nicht eingehen. Gestatten Sie mir nur einige kurze Hinweise.

Wesentliche Grundlagen des Verfassungsentwurfs sind die Menschen- und Bürgerrechte. Auf ihnen ruht der gesamte Entwurf, und das mit gutem Grund. Die Erfahrungen der Bürger der DDR, sowohl die mit der Diktatur als auch die mit dem Demokratisierungsprozeß, dürfen nicht verlorengehen.

Die langjährigen Defizite bewirkten eine besondere Sensibilisierung der Bürger der DDR für die menschliche Würde, die Freiheit, Gleichheit und Solidarität.

Es wurde besonderer Wert darauf gelegt, die Menschen- und Bürgerrechte, auch die, die im Grundgesetz der Bundesrepublik nicht enthalten sind, aber den Erfahrungen und den Erwartungen der Bürger der DDR entsprechen, justiziabel, das heißt einklagbar auszuformulieren.

Hinweisen möchte ich Sie auch auf die Artikel, die die Rechte von Parteien, Vereinigungen, Verbänden, Bürgerbewegungen, Gewerkschaften, Kirchen und Religionsgemeinschaften beschreiben, sowie auf die Regelungen zum Schutze von Minderheiten, zur Gleichstellung von Mann und Frau, zum Schutz der natürlichen Umwelt und auf die Ergänzung der parlamentarischen durch direkte Demokratie.

All das sind Verfassungsregelungen, die sich sowohl an den Problemen unseres Landes als auch am Standard modernen Verfassungsdenkens orientieren und die den Erwartungen der Menschen in der DDR entsprechen.

Ich erinnere Sie in diesem Zusammenhang an die Veröffentlichung des Umfrageergebnisses eines bekannten Meinungsforschungsinstituts der Bundesrepublik am 10. April. Danach wünschten sich 42 % der DDR-Bürger eine neue Verfassung der DDR, 38 % wünschten sich eine neue deutsche Verfassung, und nur 9 % wollen das Grundgesetz der Bundesrepublik in seiner gegenwärtigen Form übernehmen.

52

Auch im Hinblick auf das Ziel der deutschen Einheit verspricht der vorliegende Entwurf eine gute Arbeitsgrundlage für das Wirken der Volkskammer zu werden. Die Kapitel, die die Grundsätze, Organe und Funktionen des Staates sowie die Staatsfinanzen regeln, sind weitgehend kompatibel zum Grundgesetz der Bundesrepublik. Übrigens fordert dieses Grundgesetz - Artikel 28 - eindeutig, daß die verfassungsmäßige Ordnung in den Ländern den Grundsätzen eines demokratischen und sozialen Rechtsstaates entsprechen muß. Ein Beitritt zur Bundesrepublik Deutschland, ohne vorher eine solche verfassungsmäßige Ordnung geschaffen zu haben, wäre demnach grundgesetzwidrig.

(Beifall beim Bündnis 90/Grüne)

Ein letzter Hinweis soll den Übergangs- und Schlußbestimmungen gelten. Ihnen sind Gesetzgebungsaufträge für die Volkskammer zu entnehmen, zum Beispiel für ein Ländererrichtungsgesetz, sowie Aufträge für die Anpassung des geltenden Rechts an die Verfassung. Sie enthalten des weiteren Regelungen zum Schutz des Eigentums- und Nutzungsrechts von DDR-Bürgern. Schließlich ermöglichen sie sogar unter bestimmten Voraussetzungen einen Beitritt der DDR zur Bundesrepublik nach Artikel 23 des Grundgesetzes, wobei ich nicht verhehlen möchte, daß ein solches Verfahren weder den Intentionen dieser Verfassung noch denen der Bürgerbewegungen unseres Landes entspräche.

Meine Damen und Herren! Wenn auch eine Mehrheit der Bürgerinnen und Bürger unseres Landes die Herstellung eines einheitlichen Nationalstaates zu wünschen scheint,

(Heiterkeit bei CDU, DA und DSU.
Zuruf: Jetzt reicht es aber!)

- erwiesen ist das noch nicht, der Volksentscheid hat nicht stattgefunden über die Form, in der sich die Einheit vollziehen sollte -

(Beifall bei der PDS und dem Bündnis 90/Grüne)

so sollte sie auf keinen Fall von der demokratischen Selbstkonstitution der Gesellschaft getrennt werden. Die vom Volk sich selbst gegebene Verfassung, die bewußte und gleichberechtigte Teilnahme am Verfahren der Verfassungsgebung schafft erst die hohe Legitimität und Verbindlichkeit, die die Grundlage für eine nationale Identität bilden können.

(Präsidentin Dr. Bergmann-Pohl: Herr Abgeordneter ...)

Ich bin gleich fertig. Einen Moment!

Die Umkehrung dieses Weges käme einem Akt der Unterwerfung gleich und würde den Fortgang des Demokratieprozesses eher gefährden als fördern.

Meine Damen und Herren! Betrachten Sie den Ihnen hiermit anvertrauten Entwurf als das Vermächtnis des Runden Tisches, dessen Arbeit eine wichtige Voraussetzung für unsere heutige parlamentarische Arbeit gewesen ist! Gehen Sie verantwortungsvoll und aufgeschlossen mit diesem abschließenden Resultat der Arbeit des Runden Tisches um, so daß die Menschen in der DDR und dieses Parlament eine Verfassung bekommen, die sowohl den bedeutenden Vorhaben der Zukunft als auch der Entwicklung des demokratischen Rechtsstaates DDR gerecht wird.

(Beifall, vor allem bei der PDS und beim Bündnis 90/Grüne)

Ich bitte jetzt die Abgeordnete Frau Kögler, das Wort zu nehmen.

Abg. Frau Kögler (DA):

Frau Präsidentin! Herr Ministerpräsident! Verehrte Abgeordnete! Mir fiel soeben ein Zitat von Lenin ein: Die Deutschen sind

eigentlich so ein recht legitimitätsbedürftiges Volk. Sie würden also auch noch eine Fahrkarte für den Bahnsteig lösen, bevor sie ihn stürmen.

Die Frage ist also: Wozu brauchen wir noch eine Verfassung?

(Unruhe. Unerhört! beim Bündnis 90/Grüne)

Wir gehen mit eiligen Schritten - und ich denke, das ist die neue beschrittene Politik - auf die Einheit zu.

(Beifall bei CDU, DA und DSU)

Der Verfassung, die wir bisher hatten, der sozialistischen, haben wir die Absage erteilt. Das hat das Votum am 18. März eindeutig ergeben.

(Beifall bei CDU, DA und DSU)

Es bedarf überhaupt nicht mehr des formellen Aktes, diese Verfassung zum Beispiel außer Kraft zu setzen. Sie ist außer Kraft gesetzt worden durch das Volk, durch die Abstimmung.

(Unruhe im Saal. Jawohl! und Beifall bei CDU, DA und DSU)

Teile und Rudimente dieser 74er Verfassung existieren noch, aber in der Form eines einfachen Gesetzes, und damit …

(Zuruf beim Bündnis 90/Grüne: Was haben Sie denn für ein Rechtsverständnis? Treten Sie zurück, Sie sind nach dieser Verfassung gewählt!)

Das ist ein demokratisches Rechtsverständnis. Aber verehrter Herr Abgeordneter, vielleicht lassen Sie mich aussprechen! Das ist auch die Meinung der Andersdenkenden, und ich denke, in diesem Parlament dürfen wir das unbeschadet auch zum Ausdruck bringen.

(Beifall bei CDU, DA und DSU)

Ich denke auch, daß ich nicht nur meine Meinung vortrage, sondern die der Mehrheit, nicht nur der Mehrheit, die hier sitzt, sondern auch der Mehrheit des Volkes, die für die Einheit ist. Und das bedeutet für uns konkret, daß wir mit dieser Übergangsregelung oder überhaupt mit Übergangsregelungen, auf die wir uns bitte schön konzentrieren sollen, auch in diesem Hohen Haus orientieren sollen auf eine Angleichung der rechtlichen Regelungen der DDR und der Bundesrepublik. Das wird uns in den nächsten Wochen soviel Kraft und Zeit kosten, bevor wir - und das ist die schnelle Forderung - die Finanz- und Währungsunion überhaupt in Kraft setzen können. Das ist eine Voraussetzung, und da können wir nicht die Zeit verwenden für eine neue Verfassung, von der wir wissen, daß sie nur eine Übergangsregelung wäre, und die außerdem ein Hindernis wäre für die schnelle deutsche Einheit.

(Beifall bei CDU, DA und DSU)

Dem Juristen rede ich nicht wie der Blinde von der Farbe, denn ich weiß, welche gesetzgeberischen Hürden damit aufgebaut würden, wenn ich an Zwei-Drittel-Mehrheiten denke, während es ansonsten möglich ist, mit einfacher Mehrheit Gesetzesänderungen vorzunehmen.

(Vereinzelt Beifall)

Unsere Forderung, und die steht, denke ich, auch in Übereinstimmung mit der Regierungserklärung, die wir soeben gehört haben …

(Widerspruch bei der PDS und beim Bündnis 90/Grüne)

Der schnelle Weg zur deutschen Einheit ist das, was wir unserem Volke schuldig sind. Das bedeutet, daß wir uns in den nächsten Wochen auf die Übergangsregelungen konzentrieren werden. Das ist unser Standpunkt als Fraktion CDU/Demokratischer Aufbruch.

(Beifall bei CDU, DA und DSU)

Präsidentin Dr. Bergmann-Pohl:

Ich bitte nun den Abgeordneten Richard Schröder von der Sozialdemokratischen Partei Deutschlands, das Wort zu nehmen.

Abg. Richard Schröder (SPD):

Frau Präsidentin! Meine Damen und Herren! Ich habe selbst an dem Verfassungsentwurf des Runden Tisches eine Zeitlang mitgearbeitet. Was damals zunächst als Fragment dem großen Runden Tisch übergeben wurde, war für mich noch nicht so überzeugend. Aber was jetzt vorliegt, ist nach meinem Urteil eine sehr gute Verfassung.

(Beifall)

Ich bezeuge meinen Respekt denen, die hier offenbar nach der Beendigung der Arbeit des Runden Tisches noch einmal mit ungeheuerer Anstrengung den Entwurf überarbeitet haben und eine Vielzahl von Fachleuten, auch aus der Bundesrepublik, in ihre Arbeit einbezogen haben. Dies ist keine Verfassung, die aus Originalitätssucht entstanden wäre.

(Schwacher Beifall)

Ich will hervorheben, daß der Grundrechtsteil vorzüglich ist. Er hat den Katalog der klassischen Freiheitsrechte um die sozialen Sicherungsrechte erweitert: das Recht auf Wohnraum, das durch Kündigungsschutz und staatlich geförderten Wohnungsbau gewährleistet wird; das Recht auf soziale Sicherheit, das durch ein öffentlich-rechtliches Versicherungssystem gewährleistet wird; das Recht auf Arbeit oder Arbeitsförderung, das durch das Staatsziel einer aktiven Beschäftigungspolitik gewährleistet wird. Es wird gegen solche sozialen Sicherungsrechte eingewendet, sie seien nichts wert, da sie nicht individuell einklagbar sind. Vor welches Gericht soll der Arbeitslose gehen? Es ist zwar richtig, daß sie nicht individuell einklagbar sind, aber kein Einwand, denn Wohnungsnot und Arbeitslosigkeit sind keine Privatsache der Betroffenen, und wir finden das schon gut, wenn dieses, die Herausforderung an die Gemeinschaft durch Wohnungsnot oder Arbeitslosigkeit und anderes, in der Verfassung als Staatszielbestimmung steht.

(Beifall, vor allem bei der SPD)

Wir wollen damit nicht etwa an die Art und Weise anknüpfen, in der die SED bisher das Recht auf Arbeit als große Errungenschaft gelohnt und das soziale Sicherheit des Versorgungsstaates gelobt hat, denn wir wissen genau, was damit alles zusammenhing, mit was für nutzlosen, zweifelhaften, unmoralischen Arbeiten Hunderttausende von Funktionären beschäftigt worden sind, die nun auf der ohnehin gebeutelten Staatskasse liegen, wenn sie nicht direkt aus der Schweiz finanziert werden, und dazu möchte ich bei der Gelegenheit aus einem Brief verlesen, von einem Herrn Michael Schalck, gerichtet an den Bürgermeister der Stadt Gantersheim vom 30. März 1990. Ich lese nur ein Stück vor.

„Ich bin seit etlichen Jahren als Finanzmakler in der Bundesrepublik und der Schweiz, ich darf sagen, sehr erfolgreich tätig. Auf Grund dieser Reputation und enger verwandschaftlicher Beziehungen in der DDR bin ich beauftragt worden, die Möglichkeiten eines standesgemäßen Alterswohnsitzes für wohlhabende, auf Grund der politischen Entwicklung in den Ruhestand gewechselte prominente Persönlichkeiten der DDR auszuloten. Geplant ist eine in sich abgeschlossene Siedlung für die etwa 100 durchweg älteren, teilweise kränklichen Personen und ihre Ehepartner bzw. Lebensgefährten in klimatisch und landschaftlich schöner Lage zu errichten. ... Finanziert wird dieses Zentrum aus einem sehr großzügig dotierten Sonderfonds, der bei Schweizer Bankinstituten deponiert ist." - Kopie bei mir erhältlich.

(Bewegung im Saal)

Also, mit dieser Art sozialer Sicherheit wollen wir nichts zu tun haben. Da wird noch aufgeräumt werden müssen. Wir meinen, es entspricht der gesellschaftlichen Wirklichkeit eines modernen Industriestaates, daß die elementaren Existenzsicherungen, die früher mal Privatsache der Familie waren, nun Aufgabe des Staates geworden sind. Ich möchte darauf hinweisen, daß dieses auch Teil der Koalitionsvereinbarung ist. Ich zitiere:

„Bei der Ausarbeitung einer neuen Verfassung der DDR oder, falls es nicht dazu kommt, bei der Veränderung des Grundgesetzes, ist es das Verhandlungsziel der Regierung, die sozialen Sicherungsrechte als nicht einklagbare Individualrechte einzubringen. Das gilt vornehmlich für das Recht auf Arbeit, Wohnung und Bildung. Diese Rechte werden in der Form von Staatszielbestimmungen gewährleistet."

(Beifall, vor allem bei der SPD)

Es gibt aber trotzdem nun noch ein Problem mit dieser neuen Verfassung. Obwohl diese Verfassung nach meinem Urteil vorzüglich ist, muß ich doch über die vom Bündnis 90/Grüne hier geforderte Fragestunde zur neuen Verfassung meine Verwunderung ausdrücken, denn ich habe den Verdacht, daß hier mit ernsten Dingen bloß taktiert wird. Der Verfassungstext ist gestern im „Neuen Deutschland" veröffentlicht worden. Die Abgeordneten konnten sich ja noch gar keine gründliche Meinung darüber bilden.

(Beifall, vor allem bei CDU, DA und DSU)

Ich kann sogar beweisen, daß viele der Redner in der vorigen Debatte, also vorige Woche, den Verfassungstext noch nicht gekannt haben können. Donnerstag wurde von den Fraktionen der PDS und Bündnis 90/Grüne mit großem moralischem Aufwand Einzelabstimmung über die Minister gefordert. Die das gefordert haben, haben vermutlich den Artikel 71 des Verfassungsentwurfs nicht gekannt. Da wird nämlich überhaupt nicht über Minister abgestimmt, sie werden auf Vorschlag des Ministerpräsidenten vom Präsidenten der Volkskammer ernannt und entlassen.

(Beifall, vor allem bei der SPD und der CDU)

Ich komme langsam zum Schluß und will folgendes sagen: Probleme haben wir mit der Frage, wann wir diese Verfassung einführen können. Führen wir sie sofort ein, dann ist es eine Verfassung, die unserer Wirklichkeit nicht entspricht, denn vorgesehen ist die Existenz von Ländern und ein Steuersystem, das wir noch nicht haben. Führen wir sie aber ein, nachdem die Länder eingerichtet sind, dann haben wir in der Zwischenzeit nicht den Grundrechtsschutz, der erst durch die Verfassung gewährt werden soll. Deswegen haben wir in den Koalitionsvereinbarungen uns für ein anderes Prinzip eingesetzt, für das Bausteinprinzip. Wir werden sofort ein Staatsorganisationsgesetz einführen, das uns von dem Teil der alten Verfassung erlöst, in dem das gestanden hat, was jetzt Grundlage unseres Handelns ist, und wir werden so, wie der Reformprozeß weitergeführt wird, Teile, Pakete von verfassungsrechtlichen Bestimmungen in Kraft setzen. Für diese Pakete könnte der Verfassungsentwurf des Runden Tisches durchaus als Material dienen, und man kann, wenn der Reformprozeß soweit gediehen ist, daß er einigermaßen dem entspricht, was diese Verfassung vorsieht, über die Frage der Inkraftsetzung einer solchen Verfassung noch einmal reden.

(Beifall, vor allem bei der SPD und bei CDU, DA und DSU)

Ich bitte nun den Abgeordneten Prof. Dr. Riege von der Partei des Demokratischen Sozialismus, das Wort zu nehmen.

Abg. Prof. Dr. Riege (PDS):

Frau Präsidentin! Meine Damen und Herren! Für die Fraktion der Partei des Demokratischen Sozialismus kann ich sagen, daß wir diese vom Runden Tisch ausgearbeitete und unterbreitete

54

Verfassung als eine Leistung bewerten, die unseren Respekt verdient.

Ich möchte auch meinen Dank für diese Arbeit zum Ausdruck bringen, von der ich meine, daß sie professionell gut geleistet worden ist durch eine Fülle von politisch und juristisch kompetenten Bürgern unseres Landes und Persönlichkeiten, die darüber hinaus einbezogen worden sind. Wir sehen darin ein Ergebnis einer demokratischen Bemühung, das uns vorgelegt ist. Unserem Erachten nach steht dieser Entwurf auch in der demokratischen deutschen Verfassungstradition, in der Verfassungsgeschichte, so wie sie sich verbindet mit dem Verfassungsentwurf des vorigen Jahrhunderts 1848/49, mit der Weimarer Verfassung, wie sie sich verbindet mit den Länderverfassungen, die nach dem Kriege ausgearbeitet worden sind, und die auch eine Bezugnahme hat im inhaltlichen Sinne zur Verfassung der DDR von 1949. Unserem Erachten nach ist dieser Verfassungsentwurf durchdrungen von einem demokratischen und humanistischen Grundgestus. In ihm sehen wir die eigenen Erfahrungen, die auf dem Gebiet unseres Landes gesammelt worden sind, die positiven wie die negativen, verarbeitet. Wir sehen darin ausgedrückt das, was der gegenwärtige Stand des Völkerrechts ist, insbesondere in bezug auf die Menschen- und Bürgerrechte. Wir finden aufgenommen in dieser Verfassung das, was sich mit den globalen Problemen verknüpft, nicht nur hinsichtlich der Ökologie, aber das auch und in besonderem Maße. Wir finden in die Verfassung einbezogen eine subtile, gründliche Verständigung über das, was das Verfassungsrecht der Bundesrepublik Deutschland uns sagen könnte. Und: Wir sehen sie offen für die Bedürfnisse, die sich in unserer Gesellschaft, in Staat und Wirtschaft entwickeln. Vielleicht darf ich sagen: Wir bewerten sie als den Entwurf einer sehr demokratischen Verfassung für unser Land und seine Bürger. Wir halten eine neue Verfassung der DDR für notwendig. Frau Kollegin Kögler mag verzeihen, wenn ich das anders als sie sehe. Es gibt dafür eine ganze Reihe von Gründen, die man nennen könnte. Sie würde uns geben ein rechtliches Fundament und Raum für Selbstverwirklichung des einzelnen und für die Zusammenschlüsse der Bürger, für unser Volk.

Das Thema Volkssouveränität wurde hier schon berührt. Die Kombination von unmittelbarer Demokratie und Vertretungsdemokratie halten wie für bedeutsam. Diese Verfassung könnte, wenn sie in Kraft gesetzt wäre, eine solide rechtliche Basis sein für staatliches Handeln, für das demokratische Miteinander aller politischen Kräfte unseres Landes. Sie würde Rechtsstaatlichkeit fördern und Verfassungsbewußtsein, das wir nötig haben in unserer Gesellschaft, und einen Beitrag dazu leisten können, daß wir Rechtskultur und politische Kultur pflegen und ausprägen.

Diese Verfassung liegt auch nach unserer Überzeugung im Interesse der Deutschen Demokratischen Republik und ihrer Bürger in einem Einigungsprozeß der beiden deutschen Staaten, der ja ein gleichberechtigter Prozeß sein soll. Und wir glauben, er würde unserer Regierung hilfreich sein können, dieses Interesse zur Geltung zu bringen, auch dadurch, daß in diesem Verfassungsentwurf auf wichtigen Gebieten die strukturelle Paßfähigkeit zu den Strukturen der Bundesrepublik benannt ist. So dürfen wir also die Verfassung in dem vorliegenden Entwurf auch sehen als ein Angebot für die Verfassung eines geeinten Deutschlands, die nach meiner Überzeugung ebensowenig das Grundgesetz sein kann wie dieses Deutschland nur die territorial erweiterte Bundesrepublik Deutschland darstellen könnte.

(Vereinzelt Beifall)

Und all das kann die geltende Verfassung - und da stimme ich mit Aussagen, die schon gemacht worden sind, überein - nicht mehr leisten. Überdies kann das auch die Verfassung der Bundesrepublik, das Grundgesetz, in diesem Maße nicht leisten. Wir sind für eine große Publizität, was diesen Verfassungsentwurf anbetrifft. Die Veröffentlichung im „Neuen Deutschland" gestern belegt das.

(Unruhe bei der CDU)

Wir sind für eine allgemeine Diskussion in der Bevölkerung, in der Öffentlichkeit unseres Landes.

Und wir plädieren dafür, daß dieser Entwurf im Parlament, in den anderen Volksvertretungen unserer Republik, in den Strukturen dieser Organe erörtert wird.

Wenn man in die Details des Verfassungsentwurfs gehen würde, könnte man eine ganze Reihe von Punkten finden, bei denen auf der Basis einer generellen Zustimmung Präzisierungen, Veränderungen, Verbesserungen nötig und möglich wären. Ohne daß ich im einzelnen jetzt Vorschläge unterbreiten möchte, würde ich glauben, daß sich selbst in diesem auch aus meiner Sicht vorzüglichen Grundrechtsabschnitt solche Varianten anbieten. Darüber könnte gesprochen werden. Ich könnte mir vorstellen, daß es auch andere Sichtweisen gibt, z. B. in dem Feld jener Regelungsvorschläge, die sich beziehen auf das Verhältnis von Parlament zu anderen Organen im Sinne der Ausprägung eines noch stärkeren echten parlamentarischen Systems. Das berührt z. B. das Problem der Bindungswirkung eines dem Modell des Bundesverfassungsgerichts nachgebildeten Verfassungsgerichts für diese DDR, das ja mit einer Mehrheit von Richtern, die sich auf ein Gremium von maximal 9 beziehen, Entscheidungen treffen könnte, die Bindungswirkung für das Parlament haben.

(Präsidentin Dr. Bergmann-Pohl: Herr Abgeordneter.)

Ja, ich komme zum Schluß. Danke. - Wir sind für die Autorisierung dieser Verfassung durch die Bevölkerung, die nicht verfaßt werden sollte, sondern sich in einem solchen Prozeß der Diskussion ihre Verfassung als Subjekt selbst geben sollte, um so mehr, als mit dem, was auf uns zukommt, auch mit Hilfe einer Verfassungsordnung die Befindlichkeiten der Bürger in einer Vielfalt unmittelbar berührt sind. - Danke.

(Beifall, vor allem bei der PDS)

Ich bitte von der Fraktion der Deutschen Sozialen Union den Abgeordneten Jürgen Schwarz, das Wort zu nehmen.

Abg. Schwarz (DSU):

Frau Präsidentin! Meine Damen und Herren! Unsere Stellung zum Verfassungsentwurf des Runden Tisches ist folgende: Die Bürger der DDR haben bei der Volkskammerwahl am 18. 3. eindeutig dem zukünftigen Parlament den Auftrag erteilt, die Einigung Deutschlands herbeizuführen. Diesem Ziel fühlen wir uns fest verpflichtet, das heißt, wir setzen alle Kraft ein, dieses Ziel so schnell als möglich zu verwirklichen. Dazu ist der oft zitierte Weg des Artikels 23 des Grundgesetzes der BRD eine hervorragende Möglichkeit.

Nun liegt uns dieser Verfassungsentwurf vor. Was will er? Wozu dient er? Welche Lebensdauer kann man ihm einräumen? Dieser Entwurf kann also nur Übergang, Zwischenlösung bedeuten; denn wie lange soll diese DDR noch bestehen - ein Jahr, zwei Jahre, vier Jahre? Eine Verfassung braucht eine breite Basis. Sie muß getragen werden von der wirklich breiten Mehrheit des Volkes. Dazu muß sie diskutiert werden, vorgestellt werden, Vorträge, Änderungen, gesichtet, aufgearbeitet werden - also monatelange Arbeit. Wir als DSU wollen keine Neukonsolidierung der DDR.

(Beifall bei CDU, DSU, DA)

Wir halten Mühe und Aufwand für ungerechtfertigt. Viel größere wirtschaftliche und soziale Probleme müssen jetzt gelöst werden. Jede Bürgerin und jeder Bürger will sich eine neue Existenz schaffen und in einem alten Rahmen neue Inhalte sehen. Wir wissen, daß diese neue Ordnung viel Selbstbewußtsein und Optimismus braucht, daß wir jetzt alle um Profil ringen müssen. Deshalb sehen wir diesen Entwurf als nicht zeitgemäß. Der Bürger wird irritiert. Wieder Zweistaatlichkeit? Wieder Verfassungsmauern? Wollen wir es also noch einmal allein versuchen? Der gesamte innere und äußere Zustand dieses Landes gibt hier eine ganz klare Antwort: nein. Wir brauchen die Einheit zum Überleben, zur Vermeidung des Chaos.

(Beifall bei CDU, DSU, DA)

Doch der jetzige Zustand ist ebenfalls nicht akzeptabel. Die bisherige Verfassung der DDR ist von ihren Schreibern und Verkündern pausenlos gebrochen worden. Sie hat keine Autorität. Sie ist ein Fragment, das in vielen Punkten in den Papierkorb gehört. Und wohlklingende Formulierungen fanden in der sozialistischen Praxis ja überhaupt keine Resonanz. Die führende Partei und ihr Apparat haben sie ja praktisch ständig gebrochen. Wir schlagen als Übergangslösung die Verfassung von 1949 als Grundlage vor.

Da steht z. B. in Artikel 1: Deutschland ist eine unteilbare demokratische Republik. Sie baut sich auf den deutschen Ländern auf. Sie formuliert also die Einheit als Staatsziel. Sie beinhaltet die Länderstrukturen. Viele Artikel können dem jetzigen Stand entsprechend angeglichen werden. Das geht einfacher und ist unserer Situation besser entsprechend. Das ist mit relativ geringen Korrekturen möglich. Ich bin mir sicher, daß unsere Bürger dieser Position zustimmen werden.

Und noch ein Wort zu Ihnen, Kollegen vom Bündnis 90. Ihnen sage ich eindringlich als meine Antwort auf Ihre Reaktion, als es um die Novemberrevolution ging: Auch wir waren in der ersten Reihe, als es in Dresden z. B. darum ging, an den Hauptbahnhof zu kommen, als Wasserwerfer eingesetzt wurden, als wir in der Prager Straße umstellt waren von Polizei, und nur ein paar Kirchenleuten war es zu verdanken, daß das alles so unblutig verlief. Sie haben die Revolution nicht gepachtet. Ihre Darstellung, die Darstellung des Herrn Dr. Ullmann,

(Beifall bei CDU, DSU, DA)

die schlimme Darstellung in der letzten Sitzung, daß nur die Hiergebliebenen die Wende erkämpft haben, ist völlig falsch. Der Druck der Flüchtlinge in den Botschaften, die großartige Geste Ungarns durch das Öffnen der Grenze - das war ein entscheidender Punkt, der die Brüchigkeit dieses bestehenden Systems zeigte,

(Beifall bei CDU, DSU, DA)

dem die Bürger, vor allem die jungen, in Scharen davonliefen. Und es werden wieder mehr, wenn Leute wie Sie das Sagen haben.

(Beifall bei CDU, DSU, DA)
(Protest bei Bündnis 90/Grüne)

Begnügen Sie sich endlich mit dem Platz, der Ihnen legitimiert zusteht. - Danke.

(Beifall bei CDU, DSU, DA)

Ich bitte nun den Abgeordneten Prof. Dr. Ortleb von der Fraktion der Liberalen, das Wort zu nehmen.

Abg. Prof. Dr. Ortleb (Liberale):

Frau Präsidentin! Meine Damen und Herren! Ich glaube, eine Grundfrage bei dieser Diskussion ist: Was für eine Verfassung wollen wir jetzt? Ich selbst habe einen großen Respekt vor dem Begriff Verfassung. Ich kann das also nicht mit drei Worten innerlich abtun. Aus diesem Grunde möchte ich erklären: Wenn wir eine Verfassung deswegen brauchen, damit wir eine vorhandene, als fragwürdig brauchbare erkannte nicht ständig so ändern müssen, daß sich für uns daraus das Problem ergeben kann, daß die Verfassung sich selbst widerspricht - was ja beim Bauteileauswechseln auch bei einer Maschine passieren kann -, wenn dieses Verfahren nicht gangbar ist, dann würden wir eine Verfassung brauchen, die einen Zweck haben würde: Die Regierungsabsichten und die Volksabsichten und auch die Absichten dieses Parlaments darin zu vereinigen, daß wir den Weg des Zusammenwachsens in Deutschland suchen.

Dabei habe ich bei der vorgelegten Verfassung Zweifel. Die Zweifel resultieren aus folgendem: Es ist vom Abgeordneten Schröder in der vorigen Woche von „Prosa"-Verfassungstexten

gesprochen worden. Ich glaube, daß bei dieser Verfassung, ich meine der Vorlage, die uns heute zur Debatte unterbreitet wird, ein wenig der Weg gewählt worden ist: Man schreibe alles das auf, was in der alten DDR negativ war, drücke das Positivum dafür aus und mache das zur Verfassung. Ich glaube, dadurch entsteht eine in sich unvollständige Verfassung, insofern, daß nur das gewünschte Positivbild zu einem ehemaligen Negativbild der DDR gemacht wird. Auch das ist Prosa. Wir sollten versuchen, wenn es darum geht, eine - ich will es ganz lax sagen und bitte um Verzeihung für das Wort, ich habe meinen Respekt vor der Verfassung schon ausgedrückt - Übergangsverfassung haben wollen, dann sollten wir sie rationell erarbeiten. Und rationell darf nicht heißen, daß am Vorabend die Tagesordnung wieder einmal neu beschlossen wurde. Wir können uns an vorige Woche erinnern, wo es knapp zuging in der Tagesordnung, und heute früh steht die Fraktion wieder vor der Frage, zu einem ganz anderen als dem erwarteten Diskussionsgegenstand zu diskutieren. Ich glaube, wir sind es dem Volk schuldig, daß wir sorgfältig und mit Sachgemäßheit, langsam aber dennoch zügig arbeiten. Und dazu gehört, daß wir Tagesordnungen nicht ständig neu gestalten.

(Beifall bei CDU, DSU und den Liberalen)

Es geht um die Ernsthaftigkeit und Glaubwürdigkeit dieses Parlaments.

Und noch eine Bemerkung ganz zum Schluß, weil Abgeordneter Schröder auf den Brief verwies. Der Bund Freier Demokraten hat diesen Brief von der ominösen Firma am Donnerstag voriger Woche bekommen. Wir haben ihn an Minister Diestel inzwischen weitergeleitet. Wir wollen nicht hoffen, daß es eine Postwurfsendung ist. Er ist uns aus Gottleuba zugegangen. Wir zumindest haben geprüft, daß die angegebene Firma - zumindest als Telefonnummer - existiert. Herr Minister, ich bitte Sie, die Sache zu überprüfen.

(Beifall bei der CDU)

Präsidentin Dr. Bergmann-Pohl:

Ich bitte nun den Abgeordneten Dr. Watzek von der Fraktion der Demokratischen Bauernpartei Deutschlands und des Demokratischen Frauenbundes Deutschlands, das Wort zu nehmen.

Abg. Dr. Watzek (DBD/DFD):

Frau Präsidentin! Werte Abgeordnete! In ihren Programmen haben sich die Demokratische Bauernpartei Deutschlands und auch der Demokratische Frauenbund Deutschlands eindeutig für die Verabschiedung einer neuen Verfassung der DDR im Jahre 1990 ausgesprochen. Ganz in diesem Sinne haben Vertreter der DBD aktiv in der Arbeitsgruppe „Neue Verfassung der DDR" am Runden Tisch mitgearbeitet.

Wir sehen eine neue Verfassung als eine dringende Notwendigkeit und zeitgemäße Aufgabe an, weil die noch immer gültige Verfassung der DDR nicht mehr den aktuellen Anforderungen gerecht werden kann. Unser Land braucht eine neue Verfassung und kein Stückwerk, das für jede gesetzliche Initiative verändert werden muß. Das ist nach unserer Auffassung auch eine Voraussetzung für eine effektive Arbeit der Volkskammer und der Regierung der DDR.

Wenn hier die Frau Abgeordnete Kögler und in der letzten Volkskammertagung der Innenminister, Herr Diestel, erklärten, daß sie sich nicht an die noch bestehende Verfassung gebunden fühlen, dann halte ich das für unerträglich, halte es aber auch aus der Sicht heraus für notwendig, eine neue Verfassung in Kraft zu setzen als Grundgesetz unseres Landes, solange dieses Land noch besteht, unabhängig davon, ob das ein Jahr oder zwei Jahre sind. Uns geht es dabei nicht darum, wie das der Abgeordnete Schwarz darlegte, eine Neukonsolidierung der DDR zu erreichen, nein, es geht uns darum, damit auch einen Beitrag zu leisten für eine zukünftige gemeinsame Verfassung eines deutschen Landes.

(Beifall bei PDS und DBD/DFD)

56

Wir sind der Meinung, daß in diesem Verfassungsentwurf die Erkenntnisse und Erfahrungen progressiver deutscher Verfassungsgeschichte aufgearbeitet sind und auch fortschrittliche Verfassungen anderer europäischer Staaten Berücksichtigung fanden. Wir sind auch der Meinung, daß der Verfassungsentwurf in einer Reihe wichtiger Fragen über die gegenwärtige Verfassung der Bundesrepublik Deutschland, über das Grundgesetz hinausgeht. Dazu gehört vor allem die verfassungsrechtliche Regelung des Wirkens von Bürgerbewegungen und Initiativen, die Verbindung von parlamentarischer und Volksgesetzgebung, die weitergehende Ausgestaltung der Bürger- und Menschenrechte, die ausdrückliche Festschreibung der nationalen Rechte der Sorben, die verfassungsrechtliche Regelung der Verantwortung für den Umweltschutz sowie auch die Probleme der Gleichstellung von Frau und Mann.

Die Fraktion der DBD/DFD tritt dafür ein, daß der vorliegende Entwurf der Verfassung der DDR unverzüglich in der Bevölkerung zur Diskussion gestellt werden soll und zum frühestmöglichen Zeitpunkt bestätigt wird. Nach unserer Auffassung kann die DDR mit einer solchen Verfassung Bedeutendes in den Vereinigungsprozeß der beiden deutschen Staaten einbringen.

(Beifall bei PDS, Bündnis 90/Grüne und DBD/DFD)

Ich bitte nun den Abgeordneten Dr. Watzek von der Fraktion der Demokratischen Bauernpartei Deutschlands und des Demokratischen Frauenbundes Deutschlands, das Wort zu nehmen.

Abg. Dr. Watzek (DBD/DFD):

Frau Präsidentin! Werte Abgeordnete! In ihren Programmen haben sich die Demokratische Bauernpartei Deutschlands und auch der Demokratische Frauenbund Deutschlands eindeutig für die Verabschiedung einer neuen Verfassung der DDR im Jahre 1990 ausgesprochen. Ganz in diesem Sinne haben Vertreter der DBD aktiv in der Arbeitsgruppe „Neue Verfassung der DDR" am Runden Tisch mitgearbeitet.

Wir sehen eine neue Verfassung als eine dringende Notwendigkeit und zeitgemäße Aufgabe an, weil die noch immer gültige Verfassung der DDR nicht mehr den aktuellen Anforderungen gerecht werden kann. Unser Land braucht eine neue Verfassung und kein Stückwerk, das für jede gesetzliche Initiative verändert werden muß. Das ist nach unserer Auffassung auch eine Voraussetzung für eine effektive Arbeit der Volkskammer und der Regierung der DDR.

Wenn hier die Frau Abgeordnete Kögler und in der letzten Volkskammertagung der Innenminister, Herr Diestel, erklärten, daß sie sich nicht an die noch bestehende Verfassung gebunden fühlen, dann halte ich das für unerträglich, halte es aber auch aus der Sicht heraus für notwendig, eine neue Verfassung in Kraft zu setzen als Grundgesetz unseres Landes, solange dieses Land noch besteht, unabhängig davon, ob das ein Jahr oder zwei Jahre sind. Uns geht es dabei nicht darum, wie das der Abgeordnete Schwarz darlegte, eine Neukonsolidierung der DDR zu erreichen, nein, es geht uns darum, damit auch einen Beitrag zu leisten für eine zukünftige gemeinsame Verfassung eines deutschen Landes.

(Beifall bei PDS und DBD/DFD)

56

Wir sind der Meinung, daß in diesem Verfassungsentwurf die Erkenntnisse und Erfahrungen progressiver deutscher Verfassungsgeschichte aufgearbeitet sind und auch fortschrittliche Verfassungen anderer europäischer Staaten Berücksichtigung fanden. Wir sind auch der Meinung, daß der Verfassungsentwurf in einer Reihe wichtiger Fragen über die gegenwärtige Verfassung der Bundesrepublik Deutschland, über das Grundgesetz hinausgeht. Dazu gehört vor allem die verfassungsrechtliche Regelung des Wirkens von Bürgerbewegungen und Initiativen, die Verbindung von parlamentarischer und Volksgesetzgebung, die weitergehende Ausgestaltung der Bürger- und Menschenrechte, die ausdrückliche Festschreibung der nationalen Rechte der Sorben, die verfassungsrechtliche Regelung der Verantwortung für den Umweltschutz sowie auch die Probleme der Gleichstellung von Frau und Mann.

Die Fraktion der DBD/DFD tritt dafür ein, daß der vorliegende Entwurf der Verfassung der DDR unverzüglich in der Bevölkerung zur Diskussion gestellt werden soll und zum frühestmöglichen Zeitpunkt bestätigt wird. Nach unserer Auffassung kann die DDR mit einer solchen Verfassung Bedeutendes in den Vereinigungsprozeß der beiden deutschen Staaten einbringen.

(Beifall bei PDS, Bündnis 90/Grüne und DBD/DFD)

Ich bitte nun den Abgeordneten Werner Schulz von der Fraktion Bündnis 90/Grüne, das Wort zu nehmen.

Abg. Werner Schulz (Bündnis 90/Grüne):

Frau Präsidentin! Meine Damen und Herren! Ich spare mir, auf Einzelheiten und Vorzüge dieser Verfassung zu sprechen zu kommen. Das hat der Abgeordnete Schröder bereits vortrefflich getan. Allein der Umstand, wie diese Verfassung über eine Aktuelle Stunde dem Hohen Haus bekannt wird, offiziell bekannt wird, ist beklagenswert. Wir versuchen seit 14 Tagen, Ihnen diesen Verfassungsentwurf in einer würdigen Form zu übergeben, und haben bereits bei der konstituierenden Sitzung 300 Exemplare davon der Volkskammer zur Verfügung gestellt.

(Beifall bei PDS und Bündnis 90/Grüne)

Sie fragen bitte in Ihren Fraktionen nach, wo Ihr Exemplar des Verfassungsentwurfs geblieben ist. - Aber so kann man auch eine Diskussion abwürgen.

. Der Verlauf dieser Debatte, insbesondere die von der - ich darf sie ja wohl noch „Allianz" nennen - geprägten Position, offenbaren das jeder revolutionären Freiheits- und Demokratiebewegung bekannte Schicksal der Gegenreaktion. Während Außenstehende unseren politischen Sieg über ein totalitäres System bewundern, laufen wir Gefahr, die Möglichkeiten einer zunächst selbstgestalteten Demokratie und Rechtsstaatlichkeit im Hauruck zur deutschen Einheit zu verschenken. Aber die Art, in der sich die Vereinigung vollzieht, wird über die demokratische Reife der Deutschen wesentlich mehr aussagen als alle Beteuerungen über ihre endgültige und unwiderrufliche Einbindung in die Familie der europäischen Verfassungsstaaten.

(Beifall bei PDS und Bündnis 90/Grüne)

Offensichtlich halten einige hier das Grundgesetz der Bundesrepublik für das nicht mehr überbietbare Verfassungsoptimum auf deutschem Boden.

(Vereinzelt Beifall bei der CDU)

Es scheint als die Lösung, einfach das zu übernehmen, was sich vermeintlich in über 40 Jahren bewährt hat. Aber mit der Übernahme des Grundgesetzes ist noch gar nichts von dem gewonnen, was die bundesdeutsche Gesellschaft an Demokratiefähigkeit tatsächlich entwickelt hat, meine Damen und Herren. Zu bezweifeln ist auch, ob die Probleme im Zusammenwachsen beider deutscher Staaten mit einer Verfassung zu bewältigen sind, die in ihren Passagen vom Zeitgeist der 40er Jahre geprägt ist. Wir sollten sensibel auf Stimmen hören, die uns auf die Kluft zwi-

schen Verfassungsanspruch und Verfassungswirklichkeit in der Bundesrepublik hinweisen.

Ein Zitat aus Ihrer Koalitionsvereinbarung:

„Bei der weiteren Gestaltung der Verfassung tritt die Koalition für Übergangsregelungen ein, die sowohl die Verfassung von 1949 als auch den Verfassungsentwurf des Runden Tisches berücksichtigen."

Abgesehen von der Sprachfloskel „bei der weiteren Gestaltung" - Sie wissen, was dann immer für Worte kamen, aber das sehe ich Ihnen nach, wir alle lernen ja in diesem Prozeß -: Welche Verfassung wollen Sie denn gestalten, frage ich Sie? Welche wird von dem angestrebten Verfassungsgericht, das uns der Herr Ministerpräsident vorgeschlagen hat, einklagbar sein? Welche Verfassung wird denn durch eine Verfassungsschutzbehörde überhaupt geschützt, Herr Diestel?

(Beifall bei PDS und Bündnis 90/Grüne)

Für die Beantwortung dieser Frage wäre ich Ihnen sehr dankbar. Und Herr Schwarz, auch die 1949er Verfassung müssen Sie per Volksentscheid in Kraft setzen. Und Formulierungen, wie: „Leute wie Ihnen, da ist uns Angst", das sind wir gewöhnt. Da wird uns, glaube ich, gar nicht mehr schwarz vor Augen.

(Heiterkeit)

Herr Diestel ließ uns noch als designierter Innenminister wissen, daß er sich der noch gültigen Verfassung nicht mehr verpflichtet fühlt.

Frau Kögler vom Demokratischen Aufbruch ist da der Auffassung, daß diese Verfassung im Zuge der Revolution abgeschafft ist. Liebe Frau Kögler! Mir drängt sich der Eindruck auf, daß bei Ihrem Rechtsbewußtsein für das Verbot Ihrer anwaltlichen Tätigkeit nicht nur willkürliche Gründe ausschlaggebend waren.

(Vereinzelt Beifall, vorwiegend PDS-Fraktion.
Bewegung im Saal)

Bei der Parteiendiskussion um die Eidesformel der Regierung konnte zum ersten Mal der Entwurf der neuen Verfassung

(Zuruf eines CDU-Abgeordneten: Aufhören!)

seine Nützlichkeit erweisen, aber statt Rechtssicherheit wird mit diesen Diskussionen eher Verfassungsrechtsunsicherheit verbreitet. Welch ein Glücksumstand, daß der Pressesprecher der Nationalen Volksarmee gestern noch die Wahrnahme des Verfassungsauftrages der Armee gemäß Art. 7 erklärt hat.

(Zwischenruf der Präsidentin: Herr Abgeordneter! Die 5 Minuten sind weit überschritten. Kommen Sie bitte langsam zum Schluß.)

Ich frage deshalb ernsthaft, wer außer dem Souverän, dem bekannten „Wir sind das Volk", könnte die Verfassung außer Kraft setzen. Selbst das einstimmige Votum dieser Volkskammer, demokratisches Grundverständnis vorausgesetzt, kann diese Verfassung nicht aufheben. Immerhin wurde sie 1968 im Gegensatz zum Grundgesetz, das in seiner Präambel mit einer Entstehungslüge lebt, durch einen Volksentscheid angenommen.

(Heiterkeit bei der CDU-Fraktion)

Ich möchte hier nicht die Gewissensfrage stellen, wer von Ihnen im Saal damals dieser Verfassung zugestimmt hat. Ich nehme an, es würde eine Zweidrittelmehrheit ergeben.

(Vereinzelt Beifall, vor allem bei der SPD)

(Zwischenruf der Präsidentin: Herr Abgeordneter! Kommen Sie jetzt bitte zum Schluß. Wir haben Ihnen schon weit über 5 Minuten gestattet.)

Ich kann auch hier abbrechen.

(Beifall der CDU-Fraktion)

Ich denke, Sie sollten sich in der Toleranz des Zuhörens noch üben.

(Vereinzelt Beifall)

Präsidentin Dr. Bergmann-Pohl:

Präsidentin Dr. Bergmann-Pohl:

Herr Abgeordneter Krause! Ich bitte im Sinne des Verlaufes ... Die Christlich-Demokratische Union hat jetzt noch die Gelegenheit, das Wort zu nehmen, und vielleicht werden Sie Ihre Frage dann mit los.

(Zuruf des Abg. Dr. Günther K r a u s e: Ich möchte bloß im Sinne der Beratung feststellen dürfen,)

(Bewegung im Saal)

Es tut mir leid, Herr Abgeordneter Krause. Wir haben ...

(Unverständlicher Zuruf des Abg. Dr. Günther K r a u s e, da nicht über Mikrofon gesprochen. Beifall der CDU-Fraktion)

Ich möchte die Abgeordneten bitten, einen fairen Meinungsstreit hier durchzuführen und auch in meinem Sinne persönliche Angriffe, bitte nicht durchzuführen, und ich bitte jetzt im Sinne der Weiterführung der Diskussion den Abgeordneten Hern Becker, das Wort zu nehmen.

Abg. B e c k e r (CDU):

Frau Präsidentin! Meine Damen und Herren! Das Wählervotum am 18. März war ein Votum für die deutsche Einheit, und zwar für die schnell zu vollziehende. Verfassungsrechtlich bietet sich der Weg des Beitritts nach Art. 23 des Grundgesetzes der BRD als der direkte Weg an. Die CDU respektiert und nimmt auch dankbar den Versuch des Runden Tisches für einen verfassungspolitischen Neubeginn in der DDR auf; denn eines verfassungspolitischen Neubeginns in Richtung auf eine freiheitliche, rechtsstaatliche, soziale und bundesstaatliche Demokratie bedarf es in der DDR sehr rasch.

Ohne daß ich mich hier auf die Frage einlassen will, wie weit Teile der alten sozialistischen Verfassung des Landes überhaupt noch gültig sein können, begrüßen wir den breiten Konsens in unserem Land und das breite Votum unserer Bevölkerung für eine solche freiheitliche und demokratische Verfassungsänderung, wie dies in der Wahl vom 18. März seinen Ausdruck gefunden hat.

Der Runde Tisch hat sich mit seinem Verfassungsentwurf bei der Diskussion um die weitere verfassungspolitische Entwicklung gerade auf diesem Hintergrund ein sicher richtiges und wichtiges Verdienst erworben. Ungeachtet dessen stellt sich jedoch die Frage, ob es wirklich dem Willen der Menschen in unserem Lande entspricht, den großen Neubeginn für eine gesamtdeutsche Demokratie zunächst über den Umweg einer komplett neuen DDR-Verfassung zu gehen; denn eine neue Verfassung braucht Zeit, braucht zur Reife Zeit.

So gut oder schlecht der Vorschlag des Runden Tisches auch sein mag, aber er würde diesen Reifeprozeß erfordern - das ist hier schon gesagt worden -, indem die Kontroverse den Willen zu gemeinsamer Staatlichkeit einschläfern könnte. Der Runde Tisch hat sich bei der Erarbeitung seines Verfassungsentwurfs ausdrücklich zu den Grundprinzipien und Grundwerten des Grundgesetzes der Bundesrepublik Deutschland bekannt. Das wurde auch vom „Bündnis 90" so dargelegt. Er hat mit Recht in dankenswerter Weise davon gesprochen, daß er sich bewußt am Grundgesetz orientiert. Dies zeigt, daß das Grundgesetz für die Bundesrepublik Deutschland auch der Maßstab für die künftige gesamtdeutsche Demokratie sein muß und sein wird.

Der Grundgesetzgeber hat im Jahre 1949 allen den Teilen Deutschlands und allen den Menschen Deutschlands, die sich an

der damaligen Schöpfung einer freiheitlichen und einheitlichen deutschen Demokratie nicht beteiligen konnten, also vor allen Dingen uns in der DDR, das Recht und die Chance eröffnet, durch den Beitritt zur BRD nach Art. 23 auch in den Genuß dieser freiheitlich-demokratischen Werte und dieser Verfassung zu gelangen, die unter den Verfassungen freiheitlicher Demokratien heute in der ganzen Welt als vorbildlich gilt.

Wenn nicht das Grundgesetz in die DDR kommt, gehen die Menschen zum Grundgesetz,

(Beifall bei CDU, DA und DSU)

schon deshalb, weil Grundgesetz, freiheitliche Demokratie und soziale Marktwirtschaft ein Ganzes bilden und unteilbar sind. Das haben die Menschen erkannt. Dafür haben sie votiert.

(Zuruf eines Abgeordneten der PDS-Fraktion:
Für die Mark haben sie votiert!)

Dafür sind sie auf die Straße gegangen, und daran wollen sie teilhaben. Ein Beitritt nach Art. 23 läßt zwar die rechtliche Identität der BRD nach innen wie außen unberührt. Verändert wird aber die reale Gestalt, in der sich die Menschen der DDR mit ihrer Würde und ihren geschichtlichen Erfahrungen einbringen.

(Zuruf eines Abgeordneten der PDS-Fraktion: Womit denn?)

Ängste vor einem Identitätsverlust, vor angeblicher Vereinnahmung und Anschluß werden mit der Erarbeitung der Anpassungs- und Übergangsregelungen deutlich entkräftet,

Wir sind vom Volk gewählt. Also können wir nur im Interesse des Volkes handeln.

(Beifall bei CDU, DSU, DA und der SPD)

Vor uns steht die Aufgabe, schneller, wohl durchdachter gesetzgeberischer Arbeit. Die Fraktion der CDU/DA stellt sich den großen verfassungspolitischen Herausforderungen der deutschen Einheit auf der Grundlage unseres Bekenntnisses zu jenen Grundwerten und Grundprinzipien, wie sie das Grundgesetz für die Bundesrepublik Deutschland und die Menschen dort schon realisiert hat.

(Beifall bei CDU, DSU und DA)

Ich bitte nun von der Fraktion der Sozialdemokratischen Partei Deutschlands die Abg. Seils, das Wort zu nehmen.

Abg. Frau Seils (SPD):

Werte Frau Präsidentin! Meine Damen und Herren! Der hier vorgelegte Entwurf einer neuen Verfassung zeigt in sichtbarer Weise, daß in den letzten Monaten hier in der DDR nicht nur protestiert worden ist und mit aller Gewalt ein altes System abgeschüttelt worden ist. Vertreter vieler Parteien und politischer Vereinigungen haben daran gewirkt, die Visionen eines freiheitlichen und demokratischen Gemeinwesens in rechtliche Regelungen umzusetzen. Dafür gebührt ihnen ein besonderer Dank.

Ich möchte auf einige Punkte näher eingehen. Die Gestaltung und Festschreibung von Menschen- und Bürgerrechten hat in der Geschichte der Staaten eine lange Tradition. Menschen- und Bürgerrechte sind über die Jahrhunderte weiterentwickelt und dem Stand der Entwicklung menschlichen Zusammenlebens angepaßt worden.

Der im Entwurf einer neuen Verfassung der DDR enthaltene Katalog der Menschen- und Bürgerrechte entspricht in hervorragender Weise dieser Entwicklung. Das trifft für mich in besonderer Weise zu für den Schutz des einzelnen und den Schutz der Schwachen in der Gesellschaft. Besonders zu erwähnen ist dabei der Satz „Jeder schuldet jedem die Anerkennung als Gleicher", desweiteren die Sicherung der Rechte der Frauen, der Kinder, der Fremden oder Ausländer und der besondere Schutz der alten Menschen.

Für meine Generation, die in einer immer stärkeren existentiellen Bedrohung der natürlichen Umwelt aufgewachsen ist, ist die Festschreibung der Verpflichtung des Staates und aller seiner Bürger zum Schutz der natürlichen Umwelt als Lebensgrundlage künftiger Generationen, also unserer Kinder und Kindeskinder, eine der wichtigsten Regelungen dieses Katalogs.

Wie soll denn nun mit diesem Entwurf umgegangen werden? Die Bürgerinnen und Bürger dieses Landes leben im Augenblick in einer Phase außerordentlicher Rechtsunsicherheit. Fast jede Gesetzesinitiative, die in diesem Parlament eingebracht wird, ist verbunden mit einer Verfassungsfrage. Wir bewegen uns ständig in den Ketten der Rechtsregelungen der letzten 40 Jahre, die wir doch eigentlich abzuschütteln versuchen. Eine neue Verfassung würde uns in den Stand versetzen, über einen Rahmen für die rechtsgestaltende Arbeit von der untersten Ebene dieses Staates an zu verfügen. Wir würden in die Lage versetzt, endlich hinein in die zukünftige Gestalt eines menschlichen Zusammenlebens zu arbeiten. Dabei wäre darauf hinzuwirken, daß die Regelungen einer Übergangsverfassung der DDR in der Gestaltung der Organe des Staates und der Kompetenzen der verschiedenen Einheiten eine Angleichung an die Regelungen des Grundgesetzes der Bundesrepublik Deutschland beinhalten. Denn nur dann sind diese Regelungen sinnvoll, wenn sie in ihrer Gestaltung in der DDR den Weg in die Einheit Deutschlands erleichtern und verwirklichen helfen. In dieser Hinsicht sind einige Regelungen des Entwurfs zu überarbeiten und zu überprüfen.

Eine neue Verfassung der DDR könnte also vier Ziele verwirklichen helfen: 1. die Abschaffung der Rechtsunsicherheit und die Festlegung eines Rahmens für die Entwicklung dieses Staates, 2. die Eröffnung eines einheitlichen und gesicherten Weges in eine deutsche Einheit, 3. die Sicherung der Rechte der Bürgerinnen und Bürger dieses Landes bei der Gestaltung der Einheit und 4. die Weitergabe von Anregungen für die Verfassungsdiskussion auch in der Bundesrepublik.

Die Volkskammer sollte sich in Verbindung mit den Bürgerinnen und Bürgern dieses Landes eingehend mit dem Entwurf einer neuen Verfassung beschäftigen, um so den Weg dieses Landes in ein einheitliches Deutschland und damit in die Zukunft auf verfaßtem Wege zu wagen.

(Beifall vor allem bei SPD, PDS, Bündnis 90/Grüne)

58

Ich bitte nun von der **Partei des Demokratischen Sozialismus** den Abgeordneten Jürgen Demloff, das Wort zu nehmen. Ich bitte ihn, das vom Platz aus zu machen. Ich bitte um Zuschaltung des Mikrofons.

Abg. Demloff (PDS):

Verehrte Präsidentin! Werte Abgeordnete! Menschen mit Behinderung - auch noch in der Volkskammer am Rande sitzend, ohne einen Arbeitstisch - haben die Umwandlung in der DDR voller Aufmerksamkeit und Interesse verfolgt in der Hoffnung, daß mit der historischen **Chance** zur Neugestaltung die Veränderung ihrer Situation auch in der DDR um sich greift, daß zahlreiche internationale Dokumente der UNO-Konvention gesetzliche Regelungen in der DDR finden.

Wir sind in diesem Prozeß einig mit zahlreichen Menschen mit Behinderungen in der BRD, die ebenfalls erhoffen, daß ihr Rechtsgebäude in diesen Fragen neu- und umgestaltet wird. Ohne bestimmte Erfahrungen sind wir in diesen Fragen nicht weitergekommen. Wir haben an den Runden Tischen als Vertreter von Menschen mit Behinderungen gelernt, daß das Rechtsgebäude umgestaltet werden muß für unsere praktische Tätigkeit. Wir sind überall immer wieder auf die Grenzen gestoßen. Aus unserer Sicht ist das nur möglich, wenn neue verfassungsrechtliche Prinzipien festgeschrieben werden. Deshalb begrüßen Menschen mit Behinderungen in zahlreichen Veranstaltungen notwendige verfassungsrechtliche Änderungen.

Was sehen wir - ausgehend von internationalen Regelungen - für notwendig an? Den Grundsatz der Antidiskriminierung - ausgestaltet durch ein Antidiskriminierungsgesetz; die Festschreibung des lebenslangen Rechts auf Rehabilitation - auch für Menschen im Alter - ausgestaltet durch ein Rehabilitationsgesetz; das Recht auf ein menschenwürdiges Leben, das die Kompensation von Behinderung einschließt und - gestützt auf ein einklagbares Sozialrecht - das Recht auf Chancengleichheit. Aber das Recht auf Chancengleichheit ist nicht schlechthin ein Prinzip, sondern es ist ein notwendiger Verfassungsgrundsatz, damit bei allen gesetzlichen Regelungen die spziellen Erfordernisse und Bedürfnisse von Menschen mit Behinderung berücksichtigt werden, und zwar nicht nur im Behindertenrecht, nicht nur im Sozialrecht, sondern in dem, was hier Gegenstand und Inhalt der Regierungserklärung ist, d. h. auch im Wirtschafts-, im Steuer-, im Finanz-, im Bau-, Wohnungs-, Verkehrs-, Bildungs-, Hochschul-, Wissenschafts-, Kommunal- und Verwaltungsgesetz. Und wenn wir dafür nicht die Verfassungsgrundsätze definieren, dann ist diese ganze Gesetzesarbeit auf Sand gebaut.

(Beifall bei der PDS)

Und dieser Verfassungentwurf des Bündnis 90 bietet die besten Ansätze dazu, um in der Art und Weise zu arbeiten.

Aber ohne diese verfassungsmäßigen Grundgesetze und das darauf zu errichtende Rechtsgebäude ist es auch nicht möglich, die staatlichen Strukturen zu schaffen, die notwendig sind, um Chancengleichheit zu verwirklichen. Chancengleichheit bedeutet ja letztendlich, ungleiches Recht zu schaffen, damit der Benachteiligte gleichziehen kann. Aber das bedarf einer staatlichen Struktur, um es zu verwirklichen - ganz praktisch, bis in die Kommunen hinein. Dazu brauchen wir verfassungsmäßige Grundprinzipien.

Ich hatte in einem persönlichen Gespräch mit unserem verehrten Ministerpräsidenten zu dieser Problematik darauf hinweisen können, daß die Gesamtheit aller Maßnahmen und gesetzlichen Regelungen für Menschen mit Behinderung keine ökonomische Effizienz bringt. Sie sind nur verständlich aus der tiefen humanistischen Position, dem anderen Menschen zur Seite zu stehen. Er hat mir darin zugestimmt, und die Regierungserklärung hat einige Passagen, die mich erfreut haben. Aber er hat mir auch gleichzeitig zugestimmt, daß man in alle Fragen, wo es wirklich um humanistische Positionen geht, nicht dauernd den Parteienstreit hineintragen muß, sondern eine gemeinsame humanistische Grundhaltung finden sollte - auch gegenüber der PDS.

(Beifall bei der PDS)

Ich bitte deshalb das Hohe Haus, ernsthaft zu überlegen, wie wir in diesen wichtigen Fragen, die ja Millionen Menschen unseres Staates betreffen, vorankommen, und ich bitte darum, den Verfassungsentwurf dem Verfassungs- und Rechtsausschuß der Volkskammer zuzuleiten und den Menschen mit Behinderung und den Menschen im Alter zu gestatten, mitzuarbeiten und mitzuwirken an unserem zukünftigen Gemeinwesen und seiner gesetzlichen Fixierung.

(Beifall vor allem bei PDS und SPD)

Ich bitte nun von der Fraktion Deutsche Soziale Union Herrn Professor Dr. Walther das Wort zu nehmen.

Abg. Prof. Dr. Walther (DSU):

Frau Präsidentin! Meine Damen und Herren! Zunächst erlauben Sie mir ein Wort. Ich bin ein Laie auf dem Gebiet des Rechtswesens. Auch ein Erfolg von 40 Jahren Sozialismus, daß wahrscheinlich dieses Parlament dasjenige deutsche Parlament ist, das mit Abstand die wenigsten Juristen enthält; denn jeder, der ein gewisses gesundes Demokratieverständnis in der Zeit hatte, als er einen Beruf erlernen mußte oder durfte, sich von gewissen Gebieten ferngehalten hat, die rein ideologiebestimmt,

(Beifall vor allem bei der CDU, Gelächter bei anderen Fraktionen)

und das drückt sich natürlich auch im ...

(Zuruf und erneute Heiterkeit)

... außer in der Mathematik und in der Naturwissenschaft sind ja immer die Ausnahmen die Regel. Ich weiß, daß es noch mehrere hier im Hause gibt.

(Abg. Modrow: Ein Glück, daß der Ministerpräsident Jurist ist! Heiterkeit)

Ich möchte meiner Verwunderung darüber Ausdruck verleihen, daß es gerade die PDS ist - heute nennt sie sich so -, die hier uns das Verfassungsbewußtsein einreden will. Ich meine, die haben uns doch das vierzig Jahre ausgebleut.

(Zwischenrufe von der SPD - Unruhe im Saal - vereinzelt Beifall)

Aus der Richtung, aus der Richtung möchte ich keine Lehrstunde in Demokratie erhalten.

(Beifall bei CDU, DA und DSU)

Ein Wort zu denen, die diesen Verfassungsentwurf vorgelegt haben, Ich zolle ihnen meinen Respekt, soweit mir das als Laie möglich ist. Ich habe es auch sehr bedauert, daß gerade die Bürgerbewegungen, als die Revolution bei uns im Gange war, nicht die Kraft gefunden haben, sich zu einer Partei zu mausern, sonst hätten sie heute hier in dieser Kammer sicherlich ein besseres Ergebnis, wie die Ungarn es geschafft haben. Ich bedaure das selber, ich bin nämlich anfangs selber in einer Forumspartei in Thüringen dringewesen.

(Zwischenrufe)

Aber eines wollen wir uns doch einmal angewöhnen, wir sind nun mal vom Volk gewählt, und da haben sich nun mal gewisse Mehrheiten gebildet. Und die, die hier die Mehrheit in diesem Hause haben, die haben sich im Wahlkampf eindeutig dafür ausgesprochen: Einheit Deutschlands auf dem Weg des Paragraphen 23, oder Artikel 23.

(Abg. Gysi: Die DSU hat weniger Abgeordnete als die PDS!)

Naja, ich meine, noch, das gibt sich, Herr Gysi. Das nächste deutsche Parlament sieht schon wieder ein bißchen anders aus.

(Zuruf von der Fraktion Bündnis 90/Grüne: Hoffentlich!)

Wenn wir Ihre finanziellen Mittel zur Verfügung haben, wo Sie drei Milliarden so nebenbei zurückgeben können, dann werden wir auch etwas anderes erreichen können.

(Heiterkeit und Beifall bei der CDU, DSU und der SPD)

Wir wollen auch ein solches Verfassungsrecht in der Zukunft haben, wo eben die gewählten Abgeordneten auch darüber zu befinden haben, ob eine Verfassung in Zweidrittelmehrheit geändert oder nicht geändert wird. Und wenn wir diese Basisdemokratie, die in Ihren Vorstellungen drin ist, die natürlich in gewissen Bereichen auch greifen werden, ich nehme an, in den Länderverfassungen wird das kommen, wenn wir diese Basisdemokratie haben, dann halte ich es in unserem von Ihrem Vorgänger im Amt ruinierten Land doch für ein finanziell etwas gewagtes Unternehmen, hier Volksentscheide zu machen, um eindeutige Mehrheiten im Parlament zu verändern. Ich danke Ihnen.

(Beifall, vor allem bei der CDU und DSU)

Ich danke den Abgeordneten, die hier das Wort genommen haben.

Mir liegen von der Fraktion der Liberalen und der Fraktion der Demokratischen Bauernpartei Deutschlands/Demokratischer

59

Frauenbund Deutschlands keine Wortmeldungen mehr vor. Ich nehme an, daß wir damit die Diskussion zur Aktuellen Stunde beenden können.

Verehrte Abgeordnete, die 3. Tagung der Volkskammer ist damit beendet. Das Präsidium bedankt sich bei allen Rednern. Ich verweise noch einmal darauf, daß die 4. Tagung der Volkskammer morgen, am 20. April 1990, um 9.00 Uhr beginnt.

Das Präsidium der Volkskammer trifft sich bitte zur Beratung um 14.15 Uhr im Präsidiumssitzungszimmer.

Ich danke Ihnen und wünsche Ihnen einen schönen Nachmittag.

(Ende der Tagung: 12.35 Uhr)

60

Bemerkungen zu Anlage 10:

Während der 3. VK-Tagung am 18. April 1990 sprachen 12 Abgeordnete.
Als Redezeit hatte man sich je Fraktion auf zweimal 5 Minuten geeinigt.
Alle Reden des zweiten Tagesordnungspunktes sind in der Anlage 10 (ungekürzt) enthalten.
Der Abgeordnete Poppe sprach „auch im Auftrag der Arbeitsgruppe Neue Verfassung des Runden Tisches." (Seite 51).

Anlage 11

Artikel U.K. Preuß in der FAZ 28.April 1990

Samstag, 28. April 1990, Nummer 99

Ulrich K. Preuß   Frankfurter Allgemeine Zeitung

Ereignisse und Gestalten

Auf der Suche nach der Zivilgesellschaft

Der Verfassungsentwurf des Runden Tisches

Das Ende der DDR ist absehbar; man sagt ihr eine Lebensdauer von allenfalls noch zwei Jahren voraus. Unter diesen Umständen muß es einigermaßen verwunderlich erscheinen, daß der Runde Tisch als sein politisches Vermächtnis ausgerechnet eine „Verfassung der DDR" hinterläßt und damit den Eindruck erweckt, ein politisches Gemeinwesen zu neuem Leben erwecken zu wollen, dessen ungeliebte Reste nach dem Ergebnis der quasiplebiszitären Volkskammerwahlen vom 18. März so schnell wie möglich liquidiert werden sollen. Dabei ist das Dokument nicht etwa als der melancholische Abgesang der am 18. März zu kurz Gekommenen anzusehen, denn es trägt die Unterschriften der Vertreter fast aller der seinerzeit am Runden Tisch versammelten Gruppen und Parteien einschließlich der der CDU und der SPD. Das Unternehmen wird womöglich noch mysteriöser, wenn man liest, daß sich dieser Verfassungsentwurf nicht nur zu dem „Ziel der Einheit der beiden deutschen Staaten" bekennt, sondern darüber hinaus sogar den Beitritt der DDR zur Bundesrepublik nach Artikel 23 des Grundgesetzes als den wahrscheinlicheren Weg zur deutschen Einheit unterstellt und billigt. Wenn es denn nur noch um eine Art Konkursabwicklung geht, warum dann dieser Gestus der Neugründung und seine feierliche Beglaubigung in einer – aus der Feder Christa Wolfs stammenden – Präambel, in der Traditionen angerufen und Zukunftsverschwörungen eingegangen werden, die ganz offenkundig der gegenwärtigen Gemütslage der DDR-Bevölkerung widersprechen?

Ausdruck des Gesamtwillens

Die Sache hat dennoch ihren guten Sinn. Ein erster, ganz praktischer Grund für eine neue DDR-Verfassung liegt darin, daß die formell nicht aufgehobene Verfassung von 1968/74 trotz der inzwischen erfolgten Streichung der anstößigsten Verweisungen auf die marxistisch-leninistische Parteidiktatur und ihre Geschichts- und Fortschrittsmetaphysik als Verfassung nicht mehr taugt. Sie ist heute noch weniger als bis zum Herbst 1989 Ausdruck der politisch-kulturellen Verfaßtheit der DDR-Gesellschaft und jedenfalls nicht der Gesellschaftsvertrag, durch den sich die Bürger zu einem politischen Körper zusammenschließen – und doch müssen sie bis zu ihrer Vereinigung mit der Bundesrepublik eine demokratisch legitimierte politische Einheit bilden, damit ihr Beitritt allenthalben als Ausdruck ihres anerkennungswürdigen Gesamtwillens angesehen werden kann.

Könnten die Koalitionsparteien der Volkskammer und die von ihnen getragene Regierung in diesem verfassungslosen Zustand, allein gestützt auf eine Zweidrittelmehrheit, den Beitritt erklären und vollziehen? Strenggenommen sprächen sie dann nur für eine von ihnen repräsentierte Mehrheit; diese Mehrheit kann die dissentierende Minderheit nur dann legitimerweise überstimmen (und nicht bloß vergewaltigen), wenn zuvor Mehrheit und Minderheit zur Gesamtheit eines politischen Körpers zusammengeschlossen worden sind. Ebendies ist die wohl wichtigste Funktion einer Verfassung, denn erst sie bestimmt, unter welchen Voraussetzungen der Satz gilt: „Mehrheit entscheidet und verpflichtet die Minderheit." Ohne diese konstitutionelle Mediatisierung des Mehrheitswillens ist auch die Mehrheitsherrschaft nichts anderes als die demokratische Mehrheitsdiktatur über die Minderheit. So ist es die innere politische Logik des Beitrittswillens der DDR-Bevölkerung selbst, welche zwingend eine neue Verfassung für die DDR erfordert.

Es gibt einen zweiten Grund, der uns in der Bundesrepublik ganz unmittelbar angeht. Unabhängig von allen völkerrechtlichen Folgen eines Beitritts der DDR zur Bundesrepublik, entsteht mit dem vereinigten Deutschland innerstaatlich eine neue politische Ordnung mit neuen ökonomischen und sozialen Gegebenheiten und Gegensätzen, vielfältigeren kulturellen und politischen Orientierungen, Traditionen und Handlungsformen. Es entsteht ein neuer politischer Körper, dessen Einheit nicht mehr wie bei der Eingliederung der bisherigen Über- und Aussiedler durch bloße Absorption bewahrt werden kann, sondern einer Neukonstitution bedarf – ganz gleich, ob dies nun durch Änderungen des Grundgesetzes geschieht oder durch eine Verfassungsneuschöpfung.

Entscheidend ist, daß nicht jeder einzelne Bürger der DDR durch individuelle Willensbekundung seinen „Beitritt" zur Bundesrepublik erklärt und parallel dazu deren Territorium erweitert wird, sondern daß ein Staat mit verbindlicher Wirkung für die Gesamtheit seiner Bürger durch Fusion mit einem anderen Staat seine Existenz beendet. Eine Verfassung, die allein diese Gesamtheit erzeugen kann, speichert als eine Art kollektives Gedächtnis die bitteren ebenso wie die glücklichen Erfahrungen einer Gesellschaft, spiegelt deren Hoffnungen und Ängste und schützt sie vor der Gefahr, sich der Unmittelbarkeit spontaner Impulse auszuliefern – sie schafft durch kollektive Selbstmediatisierung einen Raum der politischen Reflexion, erhöht den Spielraum für Optionen und stärkt dadurch die politische Handlungsfähigkeit eines Gemeinwesens. Dies aber ist genau jene Qualität, die die neue politische Führung der DDR in den kommenden Beitrittsverhandlungen mit der Bundesrepublik am dringlichsten benötigt. Mit einer Verfassung, die die Erfahrungen einer singulären Revolution produktiv verarbeitet, könnte sie ihren Verhandlungspartnern aus eigenem Recht mit selbstbewußter Würde gegenübertreten.

Die politischen Eliten der Bundesrepublik brauchen sich nicht zu ängstigen. Der Verfassungsentwurf des Runden Tisches versteht sich nicht als Alternative zum Grundgesetz. In erster Linie ist er eine problembewußte Fortschreibung seiner vor allem durch die Rechtsprechung des Bundesverfassungsgerichts und durch die Verfassungsrechtslehre entfalteten demokratischen, rechts-, sozial- und bundesstaatlichen Möglichkeiten; in einigen Teilen ist er allerdings durchaus als Antwort auf Defizite und Fehlentwicklungen des Grundgesetzes zu verstehen. Insgesamt ist dabei eine Verfassung mit durchaus eigenständigem Profil entstanden. Ihr durchgängiges Charakteristikum dürfte wohl darin liegen, daß sie konsequenter als das Grundgesetz nicht nur als Staats-, sondern als Gesellschaftsverfassung konzipiert ist. Die Bürgschaft für die Integrität der staatlichen Institutionen soll in freien bürgerschaftlichen Verkehrsformen liegen – eine Gesellschaft, die jahrzehntelang unter ihrer fast totalen Verstaatlichung zu leiden hatte und deren revolutionäre Erneuerung aus unabhängigen gesellschaftlichen Initiativen hervorging, kann das nicht wundernehmen. Charakteristisch dafür ist ein kleines Detail: in der Präambel proklamiert nicht „das Volk", also eine apriorische Einheit, seinen Willen zur Verfassung, sondern „die Bürgerinnen und Bürger der Deutschen Demokratischen Republik" erklären sich zum verfassunggebenden Subjekt. Die Verfassung wird nicht als die autoritative Satzung eines Souveräns, sondern als ein wechselseitiges Versprechen von Bürgern konzipiert, die sich dadurch zur „Zivilgesellschaft" konstituieren und deren Lebensform die Verfassung sein soll.

Mit innerer Konsequenz unternimmt dann auch der Verfassungsentwurf den Versuch, die äußerst zaghaften Ansätze des Grundgesetzes zur Anerkennung einer den einzelnen Bürger mit dem Staat vermittelnden Sphäre der politischen Gesellschaft fortzuentwickeln. In Gestalt von Massenmedien, Verbänden, Gewerkschaften, Parteien und Kirchen bildet sie zwar faktisch, aber nicht in jeder Hinsicht auch konstitutionell in der Bundesrepublik die robuste Infrastruktur des demokratischen Lebens der Gesellschaft. Mit „Gruppen, Interessen, Verantwortung" war in dem Verfassungsentwurf dieser Abschnitt über die Rechte, Pflichten und die innere Ordnung der wesentlichsten Akteure der politischen Gesellschaft ursprünglich überschrieben (und wich dann der Überschrift „Gesellschaftliche Gruppen und Verbände") – ein Versuch, die Maßstäbe von Rechtsstaat, Demokratie, Minderheiten- und individuellem Grundrechtsschutz auch an die Träger kollektiver interessengegründeter Macht anzulegen, deren quasikorporative Herrschaft bei uns zu einer nicht geringen Gefährdung individueller Freiheit geworden ist.

Es ist daher mehr als nur eine Hommage an die ursprünglichen Träger der DDR-Revolution, wenn an der Spitze dieses Abschnitts sogenannte „Publicinterest"-Gruppen – in der Sprache des Verfassungsentwurfs „Vereinigungen, die sich öffentlichen Aufgaben widmen und dabei auf die öffentliche Meinungsbildung einwirken (Bürgerbewegungen)" – „als Träger freier gesellschaftlicher Gestaltung, Kritik und Kontrolle" unter den besonderen Schutz der Verfassung gestellt werden. Es ist bekannt, daß diese Gruppen im Vergleich vor allem zu gut organisierten Wirtschafts- und Berufsinteressen an einer notorischen Organisations- und politischen Sanktionsschwäche leiden; wenn ihnen unter bestimmten Voraussetzungen das Recht eingeräumt wird, ihr Anliegen in den zuständigen Ausschüssen der Landtage und der Volkskammer vorzutragen und Zugang zu Verwaltungsinformationen zu erhalten, so ist dies ein erster Versuch, diesen wohl kaum vollständig behebbaren Mangel ein wenig auszugleichen.

In die gleiche Richtung einer Stärkung der einzelnen Bürger gegenüber korporativer Macht zielt die Regelung über die staatliche Parteienfinanzierung. Einen alten Vorschlag Theodor Eschenburgs aus den fünfziger Jahren aufgreifend, schlägt der Verfassungsentwurf den sogenannten Bürgerbonus vor: Jeder wahlberechtigte Bürger hat neben seiner Wahlstimme eine gesonderte Fi-

nanzstimme in Höhe eines bestimmten (aus dem Staatshaushalt finanzierten) Betrages, die nicht, wie in unserem gegenwärtigen System der Wahlkampfkostenfinanzierung, automatisch der von ihm gewählten Partei zukommt, sondern über die der Bürger frei entscheidet, sei es, daß er den Betrag der von ihm gewählten Partei zukommen läßt, sei es, daß er ihn (zum Beispiel aus Verärgerung über einen phantasielosen Wahlkampf) einer anderen Partei zuwendet oder – durch Enthaltung – die Spirale von Macht und Geld unterbricht.

Im übrigen aber beginnt der Verfassungsentwurf ebenso wie das Grundgesetz (und übrigens auch die Verfassungen der Französischen Revolution) mit dem Katalog der Bürger- und Menschenrechte, an seiner Spitze, gleich dem Grundgesetz, die Unantastbarkeit der Würde des Menschen; hier findet sich eine interessante Konkretisierung der ja rechtlich höchst unbestimmten menschlichen Würde: „Jeder schuldet jedem die Anerkennung als Gleicher. Niemand darf wegen seiner Rasse, Abstammung, Nationalität, Sprache, seines Geschlechts, seiner sexuellen Orientierung, seiner sozialen Stellung, seines Alters, seiner Behinderung, seiner religiösen, weltanschaulichen oder politischen Überzeugung benachteiligt werden" – hier wird die menschliche Würde ausdrücklich mit der Gleichheit assoziiert und damit in subtiler Weise etwas über die politischen Utopien der Autoren des Entwurfs preisgegeben.

Rechte
des einzelnen

Mit besonders skeptischer Aufmerksamkeit von seiten bundesrepublikanischer Leser müssen sie wohl aber vor allem wegen der sozialen Grundrechte ihres Entwurfes rechnen – die Rechte auf „Arbeit oder Arbeitsförderung", auf soziale Sicherung und auf „angemessenen Wohnraum".

Fast schon gebetsmühlenhaft wird bei uns immer wieder auf das Schicksal der Weimarer Verfassung verwiesen, deren soziale Verheißungen leere Programmsätze geblieben seien, die eher zur Schwächung als zur Verstärkung der Normativität der Verfassung geführt hätten. Es stimmt schon, daß die „negativen", auf staatliche Unterlassung gerichteten Freiheitsrechte wegen ihrer Unzweideutigkeit leichter durchzusetzen (und gerichtlich zu schützen) sind als Rechte auf positives Tun. Nur wird man sie heute kaum noch in dieser klassischen Reinheit irgendwo antreffen. Auch sie sind im Zuge intensiver gesellschaftlicher Verdichtung und sich steigernder wechselseitiger Abhängigkeit der Individuen so voraussetzungsvoll geworden, daß das Bundesverfassungsgericht sich genötigt sah, aus der objektiv-rechtlichen Dimension der Grundrechte staatliche Pflichten zur Förderung der Grundrechtsverwirklichung

abzuleiten sowie das Prinzip der „Grundrechtsverwirklichung durch Organisation und Verfahren" zu entwikkeln, weil immer weniger Freiheitsrechte „selbstexekutiv" sind. Das Grundrecht auf Leben und körperliche Unversehrtheit gegen Gefährdungen durch riskante Techniken läßt sich zum Beispiel heute weitgehend nur noch durch Mitwirkungs- und Einflußrechte des Bürgers in staatlich einzurichtenden aufwendigen Verfahren verwirklichen. Bestimmte, aus dem Grundrechtsteil des Grundgesetzes nicht wegzudenkende Grundrechte wie das Recht auf gerichtlichen Rechtsschutz gegen staatliche Grundrechtseingriffe oder das Asylrecht sind ihrer Natur nach „positive", das heißt auf staatliches Tun und auf staatliche Politik angewiesene Rechte, oder sie sind es doch inzwischen durch die Rechtsprechung des Bundesverfassungsgerichts geworden, wie das Recht auf die freie Wahl des Ausbildungsplatzes.

Liberale und soziale Grundrechte stellen also keine unvereinbaren Gegensätze dar, sondern bezeichnen nur noch graduelle Unterschiede auf einer Skala, auf der negative und positive Rechte gleicherweise auf politisch-administrativ vermittelte Vorleistungen angewiesen sind. Schafft auch, wie es jüngst Ernst Benda ausdrückte, das Recht auf Arbeit keinen einzigen neuen Arbeitsplatz, so heißt das keineswegs, daß ein solches Recht notwendigerweise ein unverbindlicher Programmsatz sein müßte. Sonst müßte auch die grundrechtliche Eigentumsgarantie überflüssig sein, denn auch sie schafft kein Eigentum, und auch sie ist entgegen einem verbreiteten Vorurteil auf umfangreiche Leistungen angewiesen, von der Bereitstellung eines Vertrags-, Grundbuch-, Unternehmens- und Wertpapierrechts bis hin zu einer leistungsfähigen Infrastruktur.

Das Recht auf Arbeit, das der Verfassungsentwurf vorsieht, bildet analog zum Eigentumsrecht die komplexen gesellschaftlichen Bedingtheiten der Verwertung der Arbeitskraft ab und bemüht sich, dem staatlichen Einfluß darauf normative Direktiven zu geben; so ergibt sich ein differenziertes Gebäude von rechtlichen Regelungen, dessen Fundament eine klassische Freiheitsgarantie darstellt und das durch präzise Gesetzgebungsaufträge zum Schutz und zur Förderung der Arbeitskraft, durch grundrechtsverwirklichende Verfahrensrechte sowie durch – unserem Recht ebenfalls geläufige – Abwägungsregelungen näher ausgestaltet wird: am Anfang steht das Recht des einzelnen auf die freie Verfügung über seine Arbeitskraft, daraus wird die Verpflichtung des Gesetzgebers abgeleitet, die Arbeitskraft durch Regelungen über die Arbeitssicherheit, die Arbeitshygiene und die Begrenzung der Arbeitszeit zu schützen sowie Maßnahmen der Arbeitsförderung vorzusehen; die verfahrensrechtliche Dimension findet sich im Arbeitnehmergrundrecht auf Mitbestimmung in Betrieben und näher qualifizierten Unternehmen, während die naturgemäß rechtlich sehr offene Abwägungsregel, über deren verfassungsrechtlichen Nutzen man durchaus geteilter Meinung sein kann (und es bei den Beratungen auch war), vorsieht, daß die staatliche Wirtschaftspolitik im Falle von Zielkonflikten „dem Ziel der Vollbeschäftigung in der Regel Vorrang einzuräumen" habe.

Man benötigt keine hohen prophetischen Gaben, um voraussagen zu können, daß schon in naher Zukunft alle, auch die klassischen liberalen Grundrechte in freilich unterschiedlichem Ausmaß diese komplexe Struktur annehmen werden; das folgt aus der wohl kaum umkehrbaren Tendenz moderner Verfassungsstaaten, die gesellschaftlichen Verwirklichungsbedingungen der Grundrechte fortschreitend zum Bestandteil ihrer normativen Garantie zu machen.

Es darf nicht verschwiegen werden, daß diese Entwicklung ihren Preis hat. Immer häufiger und immer intensiver werden die Gerichte zur letzten Entscheidungsinstanz in Streitigkeiten, in denen es um richtige Abwägungen und die zutreffende Wertung von Abwägungsgesichtspunkten geht; sie werden daher in politisch umstrittene Auseinandersetzungen hineingezogen, für deren Lösung sie nicht qualifiziert sind. Wir kennen das in der Bundesrepublik aus der nuklearen Kontroverse oder auch aus dem kollektiven Arbeitsrecht, das bekanntlich fast ausschließlich Richterrecht ist. Die Autoren des Verfassungsentwurfs haben sich daher darum bemüht, entsprechend dem erwähnten Prinzip der „Grundrechtsverwirklichung durch Verfahren" den Rechtsschutz des Bürgers so weit wie möglich bereits in das Verwaltungsverfahren vorzuverlegen. So sieht der Entwurf das Recht jedes Bürgers auf Einsicht in ihn betreffende Akten und Dateien vor, und jeder, dessen Rechte oder Belange durch die öffentliche Planung bestimmter Vorhaben betroffen werden, hat ein Recht auf Verfahrensbeteiligung; bei Gesundheitsgefährdung aufgrund nachteiliger Umweltveränderungen besteht das Recht auf Offenlegung der Daten über den Stand der Umweltbeschaffenheit, und darüber hinaus ist die Verbandsklage zugelassen. Das ist gewiß nicht revolutionär, entspricht aber dem in der modernen Rechtstheorie entwickelten Prinzip der „Prozeduralisierung" des Rechts, nachdem der bei uns vor allem in den siebziger Jahren vorherrschende Optimismus, gesellschaftliche Prozesse durch inhaltsvolle Rechtsnormen steuern zu können, einer allseitigen Ernüchterung gewichen ist.

Es spricht einiges dafür, daß zum Beispiel dem Umweltschutz weniger durch Ge- und Verbote oder durch konkrete rechtliche Zielvorgaben als dadurch gedient wird, daß Bürgern und Bürgergruppen Mitwirkungsrechte an umweltbedeutsamen Planungen eingeräumt werden, flankiert durch Kollisions- und Abwägungsregeln, die in ihrer Gesamtheit so etwas wie einen rechtlich geordneten umweltpolitischen Diskurs ermöglichen. Diesen Leitgedanken verfolgt der Verfassungsentwurf; im Angesicht der ergebnislosen Diskussion über die Einführung des Umweltschutzes in das Grundgesetz kann er zwar sicherlich nicht beanspruchen, in dieser komplizierten Frage das Ei des Kolumbus gefunden zu haben, aber doch, die bundesrepublikanische Diskussion neu beleben zu können.

Die wohl schwierigste Aufgabe der Autoren des Verfassungsentwurfs bestand darin, den Übergang von der SED-Diktatur zu einer demokratischen Gesellschaft und zugleich auch die zu erwartende Integration der DDR in die Bundesrepublik ohne allzu große soziale und politische Verwerfungen zu regeln. Die Vorstellung, daß ehemalige Größen des alten Regimes und hohe Stasi-Mitarbeiter unter Berufung auf die nunmehr jedem Bürger zustehenden Grundrechte und rechtsstaatlichen Garantien jeglicher Diskriminierung entgehen sollten, ist für viele Oppositionelle der ersten Stunde, die immerhin Freiheit und Leben riskiert haben, auch dann unerträglich, wenn ihnen Rachegefühle durchaus fremd sind. Andererseits würden Mißtrauen und Verdächtigungen den demokratischen Neuanfang vergiften, wenn ihm nicht ein Akt der Versöhnung oder doch wenigstens des Vergessens vorausginge. Der Verfassungsentwurf hat hier dem Gesetzgeber keine bestimmte Lösung vorgeschrieben, sondern ihm eine etwa halbjährige Überlegungsfrist eingeräumt, innerhalb die volle Geltung bestimmter Grundrechte suspendiert ist, wobei der DDR zugute kommt, daß sie bislang kein Berufsbeamtentum kannte und insofern der Reorganisation von Justiz und Verwaltung geringere rechtliche Hindernisse im Wege stehen als der Bundesrepublik im Jahre 1949.

Kompromisse und Widersprüche

Was schließlich die nach 1945 durchgeführten Eigentumsschichtungen betrifft, so betrachtet sie der Entwurf prinzipiell als irreversible historische Ereignisse, denen gegenüber alte Rechtstitel nicht wieder in Kraft treten können. Dem Schutz der persönlichen Nutzer, der (in selbständige Unternehmen umzuwandelnden) volkseigenen Betriebe und der Genossenschaften ist hier kraft Verfassung Vorrang vor „verjährten" Eigentumsrechten eingeräumt worden – eine Geste des Selbstbewußtseins, die die Bundesrepublik klugerweise respektieren sollte. Nur dort, wo auch nach dem Recht der DDR Unrecht geschehen ist, ist eine Entschädigung zu zahlen, soweit nicht in der Bundesrepublik Lastenausgleichszahlungen geleistet worden sind.

Moderne Verfassungen sind keine in sich geschlossenen und widerspruchslosen Normensysteme, sondern mühsam ausgehandelte Kompromisse über tiefgreifende gesellschaftliche Gegensätze. Die ihnen anhaftenden Unvollkommenheiten sind daher kein Makel, sondern Spuren eines mit Ernst geführten Ringens um eine gemeinsame politische Grundlage. Es kommt nicht so sehr darauf an, ob sie auf alle politischen Probleme eine endgültige Antwort gefunden haben; ihre Qualität bemißt sich vielmehr daran, ob sie den zivilisierten Umgang mit dem gegenwärtig Unlösbaren ermöglichen. Gegenüber diesem Maßstab kann der Verfassungsentwurf des Runden Tisches bestehen. Er ist vielleicht das glaubwürdigste Zeugnis für den einzigartigen Charakter der Revolution des Herbstes 1989.

Der Verfasser ist Professor für öffentliches Recht an der Universität Bremen und hat in der Arbeitsgruppe des Runden Tisches „Neue Verfassung der DDR" als Berater mitgewirkt.

Anlage 12
Beitrag Dr. Klaus Emmerich im ND 11. April 1990

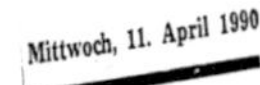

Die Verfassung der DDR ist einzig Sache ihrer Bürger

Von Dr. KLAUS EMMERICH, Arbeitsgruppe „Neue Verfassung der DDR" des Zentralen Runden Tisches

Der Direktor des Juristischen Seminars der Universität Bonn, Josef Isensee, vertritt in der „Welt" vom 9. April die Meinung, daß die DDR keine Verfassung mehr habe. Die geltende sei ein „Nullum". „Das Verfassungsgesetz verlor seine Geltungskraft, weil sein Geltungsgrund, die Macht des real existierenden Sozialismus, zerstört wurde." Auch ihm sollte bekannt sein, daß wir seit dem 18. März 1990 eine Volkskammer haben, die die Macht real im Auftrage des Volkes wahrzunehmen hat. Aber nicht nur die Staatsmacht ist ein Attribut aller Staatlichkeit: Die auf einem Hoheitsgebiet lebenden und wohnenden Menschen gehören doch wohl auch dazu. Oder hat Isensee diese Grundweisheit des Rechts übersehen?

Einfach wird festgestellt: „DDR-Politiker aller Lager sprechen seit dem 18. März davon, in der künftigen Volkskammer sei eine verfassungsändernde Zweidrittelmehrheit erforderlich, damit die notwendigen Maßnahmen zur Liberalisierung und Demokratisierung, vor allem die Erklärung des Beitritts zur Bundesrepublik, durchgeführt werden könnten." Man kann auch fragen:

Was fällt den DDR-Politikern aller Lager überhaupt ein, sich noch auf eine Verfassung zu berufen? Wozu benötigt sie überhaupt eine Verfassung, wozu Gesetze, was sollen die Volkskammer und der Ministerrat überhaupt anderes tun, als eine „Erklärung des Beitritts zur Bundesrepublik" abzugeben?

Selbstverständlich spricht Isensee der Arbeitsgruppe „Neue Verfassung der DDR" des Zentralen Runden Tisches jegliches demokratisches Mandat ab. Für ihn existieren ja auch keine Bürgerinnen und Bürger der DDR mehr (siehe oben). Er behauptet, im Entwurf der Verfassung der DDR, der am 4. April den Abgeordneten der Volkskammer übergeben wurde, seien „Wunschvorstellungen" unserer Experten aus der BRD, nicht aber die Meinungen der Bürgerinnen und Bürger unseres Staates enthalten. Wir haben ein R e c h t sdokument erarbeitet, das auch Erfahrungen von Staatsrechtswissenschaftlern und den Umgang mit der Realität des Grundgesetzes der BRD berücksichtigt. Das hat uns Zeit und Mühe gespart.

Josef Isensee aber hätte sich wenigstens der Mühe unterziehen sollen, den Entwurf unserer Arbeitsgruppe gründlich zu lesen. Dann wäre ihm aufgefallen, daß viele ihrer Bestimmungen über die Regelungen des Grundgesetzes der BRD hinausgehen, schon deshalb – um es wertfrei auszudrücken – weil dieses Grundgesetz mit seinen 35 Änderungen (bis 1983) auch seine vierzig Jahre auf dem Buckel hat.

Worum es uns geht, und das unterschlägt unser Opponent, steht in der Präambel, an der übrigens Christa Wolf mitgearbeitet hat: „Ausgehend von den humanistischen Traditionen, zu welchen die besten Frauen und Männer aller Schichten unseres Volkes beigetragen haben, eingedenk der Verantwortung aller Deutschen für ihre Geschichte und deren Folgen, gewillt, als friedliche, gleichberechtigte Partner in der Gemeinschaft der Völker zu leben, am Einigungsprozeß Europas beteiligt, in dessen Verlauf auch das deutsche Volk seine staatliche Einheit schaffen wird, überzeugt, daß die Möglichkeit zu selbstbestimmtem verantwortlichem Handeln höchste Freiheit ist, gründend auf der revolutionären Erneuerung, entschlossen, ein demokratisches und solidarisches Gemeinwesen zu entwickeln, das Würde und Freiheit des einzelnen sichert, gleiches Recht für alle gewährleistet, die Gleichstellung der Geschlechter verbürgt und unsere natürliche Umwelt schützt, geben sich die Bürgerinnen und Bürger der Deutschen Demokratischen Republik diese Verfassung."

Diese Sätze sollten einem Juristen solchen Ranges wie Josef Isensee deutlich machen, daß die Revolution in unserem Lande zum Entwurf eines Grundgesetzes führte, der die Menschen- und Bürgerrechte, die Grundsätze und Organe sowie die Funktionen des S t a a t e s D D R deutlich in eine neue verfassungsrechtliche Qualität hebt. Darauf kam es uns an.

Dem Autor des „Welt"-Beitrages paßt aber auch die Meinung seiner Kollegen „aus den Verfassungsabteilungen von Bonner Ministerien" nicht, weil sie „die alte DDR-Verfassung bis zu ihrer förmlichen Außerkraftsetzung für gültig" halten. Für mich ist es Rechtsnihilismus im allgemeinen und Verfassungsnihilismus im besonderen, wenn sich ein Jurist einfach anmaßt, von „außerhalb" über die Geltung unserer Verfassung entscheiden zu wollen.

Uns geht es um die Bürgerinnen und Bürger der DDR. Sie werden gemeinsam mit den Abgeordneten der Volkskammer über diese bedeutsame Grundfrage der Staatspolitik zu entscheiden haben, denn die Volkskammer ist das einzige verfassungs- und gesetzgebende Organ in der DDR. Deshalb hat die Arbeitsgruppe „Neue Verfassung der DDR" mit der Übergabe des Entwurfs der Verfassung der DDR an die Abgeordneten der Volkskammer die Überzeugung geäußert, daß für die Lösung der Probleme, „denen sich unser Land gegenübersieht, sachgerechte und am Standard modernen Verfassungsdenkens orientierte Verfassungsregelungen gefunden" wurden.

Möge die Volkskammer eine Volksaussprache und Volksabstimmung über eine neue Verfassung beschließen, damit diese in eine gesamtdeutsche Verfassungsdiskussion einbezogen werden kann.

Anlage 13

Artikel Josef Isenssee in DIE WELT vom 9. April 1990

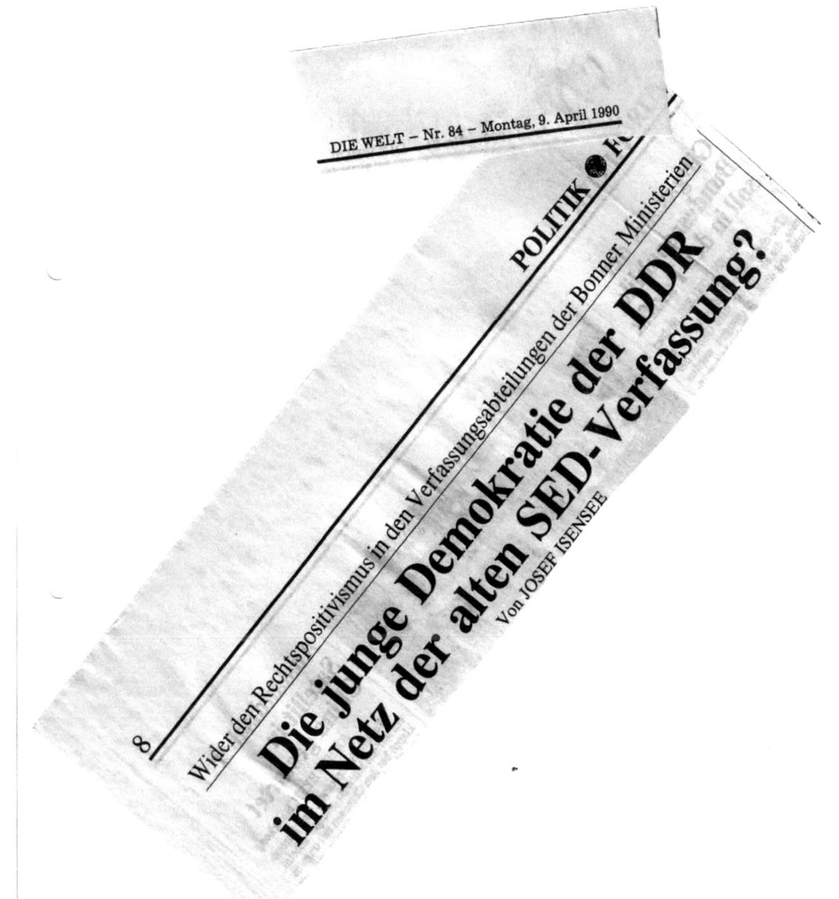

Hat die DDR heute eine Verfassung? Das Nein liegt auf der Hand. Die alte Ordnung ist gestürzt, die neue hat sich noch keine verfassungsgesetzliche Form gegeben. Die demokratische Revolution der Deutschen in der DDR hat mit dem totalitären System des Sozialismus auch die Normen gestürzt, die sein Herrschaftsinstrumentarium bildeten. Mit der SED-Herrschaft, die politisch, wirtschaftlich und moralisch gescheitert ist, hat die Verfassung der Ulbricht-Honecker-Ära das Fundament ihrer Verbindlichkeit verloren. Die neue Ordnung der parlamentarischen Demokratie, die mit der Wahl vom 18. März 1990 ihre Legitimationsgrundlage bekommen hat, beginnt erst jetzt, ungeübt und langsam, sich zu formieren und Handlungsfähigkeit zu gewinnen.

DDR-Politiker aller Lager sprechen seit dem 18. März davon, in der künftigen Volkskammer sei eine ver-

fassungsändernde Zweidrittelmehrheit erforderlich, damit die notwendigen Maßnahmen zur Liberalisierung und Demokratisierung, vor allem die Erklärung des Beitritts zur Bundesrepublik, durchgeführt werden könnten. Sie scheinen davon auszugehen, daß die alte DDR-Verfassung, die 1968 gegeben und 1974 in wesentlichen Punkten geändert wurde, weiter gälte. In der Tat ist die Verfassung bisher noch nicht förmlich aufgehoben worden. Doch gab es bislang auch noch keine staatliche Institution, die sie hätte außer Kraft setzen können und wollen. Die alte Volkskammer revidierte über vier Änderungsgesetze zwischen Dezember 1987 und März 1990 den Text in diversen Punkten. Doch damit konnte sie die Verfassung, die völlig durchtränkt ist vom Sozialismus leninistischer Observanz, nicht demokratisch sanieren. Auch der Runde Tisch besaß kein demokratisches Mandat. Der Verfassungsentwurf, den der Runde Tisch erstellte, ist denn auch nicht mehr als eine politische Empfehlung, deren Inhalt weniger über den Willen des DDR-Volkes aussagt als über die Wunschvorstellungen der westdeutschen Berater aus der linken Szene (wie Axel Azzola und Helmut Simon).

Die Revolution der DDR-Deutschen aber, die das scheinbar so fest betonierte System des Sozialismus zum Einsturz brachte, kümmerte sich nicht um Geltung oder Außerkraftsetzung der sozialistischen Verfassung. Sie schritt einfach über die Verfassung hinweg. Sie war friedliche Revolution, aber sie war nicht legale Revolution. Sie war gerade darin Revolution, daß sie sich über alle Form-, Verfahrens- und Kompetenzerfordernisse hinwegsetzte.

Das Verfassungsgesetz verlor seine Geltungskraft, weil sein Geltungsgrund, die Macht des real existierenden Sozialismus, zerstört wurde. Ähnlich hatten sich mit der Revolution von 1918 die alten monarchischen Verfassungen in Deutschland erledigt, ohne daß es dazu noch eines förmlichen Aktes, sei es seitens des alten Systems, sei es seitens des neuen, bedurft hätte.

Schon im Dezember 1989 sprach Markus Meckel, der stellvertretende Vorsitzende der DDR-SPD, von der DDR-Verfassung als einem Stück bewältigter Vergangenheit: „Das, was wir als Verfassung hatten, ist doch ein Lappen." Just dieser „Lappen" erfährt nun eine Aufwertung, wenn Legalitäts-Skrupulanten in Ost und West ihm nachträglich die Ehre antun, ihn wie ein gültiges Verfassungsgesetz mit der Formqualität einer rechtsstaatlichen Verfassung zu behandeln. Juristen aus den Verfassungsabteilungen von Bonner Ministerien – scharfsinnig im Regelkreis des Rechtspositivismus, doch ungeübt, den revolutionären Wechsel der Legitimitätsgrundlagen zu erfassen (ungeachtet stereotyper Erinnerungen an den Legitimitätsaustausch von 1933) – halten die alte DDR-Verfassung bis zu ihrer förmlichen Außerkraftsetzung für gültig und projizieren auf sie die rechtlichen Qualitäten eines westlichen Verfassungsgesetzes. Sie nehmen die förmlichen Bestandsgarantien, die auch die sozialistische Verfassung für sich reklamiert, für bare Münze: den Vorrang der Verfassung vor dem einfachen Gesetz, das Verbot der Verfassungsdurchbrechung, das Erfordernis der Zweidrittelmehrheit bei Verfassungsänderung. Damit weisen sie dieser Verfassung höhere normative Bedeutung zu, als sie in den besten SED-Tagen je besaß. Die Führung der DDR durchbrach und ignorierte die seit 1949 geltenden Verfassungen, wenn immer es ihr nützlich schien, so bei der Abschaffung ihrer Länder 1952, so bei der Abkehr von der gesamtdeutschen Staatsangehörigkeit 1967.

Die sozialistische Verfassung unterscheidet sich radikal von der Verfassung der westlichen Tradition: Sie ist nicht rechtliche Grundordnung des Staates, dazu bestimmt, gerade jene zu binden, welche die Staatsgewalt ausüben. Vielmehr ist sie Herrschaftsinstrument der sozialistischen Führung, die, selbst diesem Herrschaftsinstrument nicht unterworfen, es handhabt, wie es der Klassenkampf erheischt. Ihre materielle Substanz hängt ab vom Stand der dialektischen Entwicklung des Sozialismus. Diese ist nunmehr auf Null zurückgegangen. Damit ist nach dem Selbstverständnis ihrer Urheber die Verfassung selbst ein Nullum.

Die Revolution greift das Herrschafts- und Rechtssystem des Sozialismus von den Fundamenten her an. Das dreifache Revolutionsziel – das Ziel der freiheitlichen Demokratie, das Ziel der sozialen Marktwirtschaft und das Ziel der deutschen Einheit – steht in unversöhnlichem Widerspruch zum System des weiland real existierenden Sozialismus und seiner Verfassung. Aus der Sicht der alten Verfassung ist schon die freie, geheime Wahl, die allen Parteien Chancengleichheit im Wettbewerb bietet, verfassungswidrig, wie denn auch die nunmehr demokratische Volksvertretung unvereinbar ist mit der Legalität der sozialistischen Grundordnung. Sie kann auch nicht in rechtsstaatlichem Geiste interpretiert und umfunktioniert werden. Die Gegensätze lassen sich nicht juristisch überbrücken und nicht juristisch vertuschen.

Das Außerkrafttreten der alten real sozialistischen Verfassungsgesetze hinterläßt kein rechtliches Vakuum. Wenn auch ein förmliches, geschriebenes Verfassungsgesetz fehlt, so hat die Revolution doch eine neue, noch ungeschriebene Grundordnung geschaffen, die auf Bürgerfreiheit und Demokratie beruht und die darauf angelegt ist, den sozialen Rechtsstaat wie die soziale Marktwirtschaft aufzubauen und die staatliche Einheit Deutschland herbeizuführen. Die neue Demokratie knüpft vorläufig an einzelne Passagen der alten Verfassung von 1968/1974 an, und zwar vornehmlich an das nichtsozialistisch imprägnierte Organisationsstatut der Volkskammer und des Ministerrats. Diese Regelungen haben aber nicht mehr den Rang eines Verfassungsgesetzes. Sie gelten auf Abruf weiter, nicht etwa weil sie weiterhin Verfassungsrecht wären, sondern weil die neuen demokratischen Kräfte sich ihrer bedienen und solange sie sich ihrer bedienen. Sie können jederzeit mit einfacher Mehrheit geändert werden.

Es wäre eine staatsrechtliche Groteske, wenn der sozialistischen DDR-Verfassung nunmehr die normative Dignität einer westlich-rechtsstaatlichen Verfassung unterschoben, sie an den Tropf westlichen Verfassungspositivismus gehängt, damit ihr sozialistischer Gehalt juristisch reanimiert würde – mit der Folge, daß das Werk der demokratischen Revolution in Frage gestellt, alle künftigen Liberalisierungs- und Demokratisierungsmaßnahmen in verfassungsrechtliche Legitimationszweifel gezogen werden könnten. Besonders prekär wäre es, wenn die künftige Regierung den Treueid auf die Verfassung leistete, wie es Artikel 79 Absatz 4 dieser Verfassung gebietet. Sie müßte ihren Eid beharrlich brechen, wenn sie den

> **Lenin höhnte, die Deutschen lösten erst eine Bahnsteigkarte, ehe sie den Bahnhof stürmten. In der DDR haben sie ohne Bahnsteigkarte den Bahnhof erobert**

Idealen der Revolution treu bleiben und die deutsche Staats- und Verfassungseinheit herstellen will.

Daß die Deutschen ein „rührend legalitätsbedürftiges Volk" sind, ist ihnen in Ost wie West gemeinsam. Lenin höhnte, die Deutschen lösten erst eine Bahnsteigkarte, ehe sie den Bahnhof stürmten. In der DDR haben sie ohne Bahnsteigkarte den Bahnhof erobert. Wollen sie ihn nun freiwillig räumen, um beim alten Schalterbeamten die Bahnsteigkarte nachträglich doch noch zu lösen?

Die bürgerlichen Parteien, die in der Wahl am 18. März die demokratische Mehrheit errungen haben, würden sich selbst um ihre parlamentarische Handlungsfähigkeit bringen und ihr politisches Scheitern programmieren, wenn sie sich ohne rechtliche Notwendigkeit auf eine „verfassungsändernde" Zweidrittelmehrheit festlegten und in den juristischen Schlingen der abgelebten Verfassung verfingen.

Josef Isensee ist Direktor des Juristischen Seminars der Universität Bonn

Literaturauswahl

Arnold, Karl-Heinz: Die ersten hundert Tage des Hans Modrow, Berlin 1990.

Außerordentlicher Parteitag der SED-PDS: Berlin, Dezember 1989, Materialien (broschiert, 160 Seiten)

Aymerich, Michel: Anfang einer Kapitulation? Zu Ursachen und Wirkungen der Außenpolitik der DDR-Regierung im Spannungsfeld der Deutschlandpolitik der Sowjetregierung von 1985-1989/90. In: Prokop(Utopie) Seiten 22 bis 41.

Boden, Lutz/Poppe, Stefan: „Verwaltungsentscheidungen und Grundrechte des Bürgers". In: Für eine neue Verfassung und reale Bürgerrechte Seiten 87 bis 98.

Bollinger, Stefan (Hrsg.): Das letzte Jahr der DDR. Zwischen Revolution und Selbstaufgabe. Berlin 2004.

Busse, Horst/ Nehmer, Hans-Herbert/ Skiba, Dieter: Herrn Henry Leides Umwälzung der Geschichte der DDR `Anti-Leide´. Herausgeber: Gesellschaft zur rechtlichen und humanitären Unterstützung Berlin 2007.

Czichon, Eberhard/Marohn, Heinz: „Ohne jede Legitimation: Der Runde Tisch." Ebendie in: Das Geschenk. Die DDR im Perestroika-Ausverkauf. Ein Report. 2. Auflage 1999, Seiten 303 bis 312.

D wie Diestel: Herausgegeben von Dieter Mechtel und Jürgen Helfricht. Bonn 1990.

Dahn, Daniela (Verfassung): In guter Verfassung. Wieviel Kritik braucht die Demokratie? Mit einem dokumentarischen Lehrstück von Detlev Lücke. Hamburg September 1999.

Dahn, Daniela: „Gibt es ein Grundrecht auf Revolution?" Ebendie in: Wehe dem Sieger! Ohne Osten kein Westen. Hamburg Mai 2009. Seiten 263 bis 295.

Decker, Petr/Held, Karl: Abweichende Meinungen zur „deutschen Frage" DDR Kaputt Deutschland ganz. Eine Abrechnung mit dem „Realen Sozialismus" und dem Imperialismus deutscher Nation. München1989.

von Denkmann, Justus: Kleines Handbuch der großen Lügen über die DDR-Eine Zitatensammlung- Berlin 2. Auflage 2008.

Dokumentation-siehe Anlagen, Potsdamer Erklärung

Dokumente zur Deutschlandpolitik (DzD): Deutsche Einheit Sonderedition aus den Akten des Bundeskanzleramtes 1989/90. München 1998.

Duisberg: Vorlage des Ministerialdirigenten an Bundeskanzler Kohl Bonn, 17. April 1990. In: DzD Seite 1012 bis 1014.

EINIGUNGSVERTRAG – Muster ohne Wert? Eine Untersuchung über Wortlaut und Praxis der Realisierung des Vertrages zwischen der Bundesrepublik Deutschland und der Deutschen Demokratischen Republik über die Herstellung der Einheit Deutschlands (Einigungsvertrag). Autoren: Prof. Dr. Max Schmidt (Leiter); Prof. Dr. Erich Buchholz; Dr. Helmut Egerland; Prof. Dr. Joachim Göhring; Prof. Dr. Georg Grasnick; Prof. Dr. Ekkehard Lieberam: Rolf Mager; Dr. Fritz Rösel; Prof. Dr. Gregor Schirmer; Manfred Voigt; Prof. Dr. Wolfgang Weichelt. Berlin 1993.

Elm, Ludwig: „Zwei Diktaturen in Deutschland". In: Pätzold/Weißbecker Historische Schlagwörter Seite 319 f.

Emmerich, Klaus: Institutionen und Mechanismen gesellschaftlicher und politischer Willensbildung. In: In: Staat und Recht Theoretische Zeitschrift für Rechtswissenschaft 5/90 Seiten 357 bis 359.

Emmerich, Klaus: In guter Verfassung? Warum das Grundgesetz auf den Prüfstand gehört, Berlin 2010, mit zahlreichen Quellen.

Engler, Wolfgang: Die Ostdeutschen. Kunde von einem verlorenen Land. Zweite Auflage, Berlin 1999.

Ensikat, Peter: Hat es die DDR überhaupt gegeben? München 2001.

Falin, Valentin: „Botschaft Falins an Gorbatschow vom 18. April 1990." In: Ebender: Konflikte im Kreml. Der Untergang der Sowjetunion. Aus dem Russischen von Helmut Ettinger. Dritte Auflage, Berlin 2014.

Fernschreiben Staatssekretär Bertele an Bundesminister Seiters Berlin (Ost), 7. Dezember 1989: „Gespannte innere Lage in der DDR". In: DzD Seite 621f.

Finker, Kurt: „Verordneter Antifaschismus". In: Pätzold/ Weißbecker Historische Schlagwörter Seite 272 f.

Fülberth, Georg: „Zögerliche Beschleunigung". Geschichte; Helmut Kohls Zehn-Punkte-Programm zur deutschen Frage vor 25 Jahren: Gemächlich wie der Strom des Rheines - so stellte sich der

Kanzler den Weg zur Einheit vor. Aufs Tempo drückten die UdSSR, die USA und die ostdeutschen Volksmassen. In: Tageszeitung junge Welt 28.11.2014 Seiten 12 f.

Für eine neue Verfassung und reale Bürgerrechte: Staatsverlag Berlin 1990. Die Broschüre enthält Beiträge zur Verfassungsdiskussion in der DDR. Juristen aus verschiedenen Bereichen unterbreiten der Öffentlichkeit Vorschläge zu Grundlinien einer neuen Verfassung sowie konkrete Verfassungsbestimmungen.

„Freiheit oder Sozialismus": In: Pätzold/Weißbecker Historische Schlagwörter Seite 119 f.

Gaus, Günter: Zur Person Friedrich Schorlemmer, Lothar de Maiziere, Gregor Gysi, Ingrid Köppe, Christoph Hein, Hans Modrow. Sechs Porträts in Frage und Antwort. Zweite Auflage Berlin 1990.

Gemeinsame Erklärung von Bundespräsident Johannes Rau und den drei ehemaligen Bundespräsidenten Roman Herzog, Richard von Weizsäcker, Walter Scheel anlässlich der 50. Wiederkehr der Wahl des ersten Bundespräsidenten 12. September 1999. In: Bundespräsident Johannes Rau Reden und Interviews Band 1.1 (Berlin Stand: Oktober 2000) 23. Mai - 31. Dezember 1999 Seiten 73 bis 76.

Gruel, Karl-Friedrich: Staatsgrundsätze und Staatsorganisation. In: Staat und Recht Theoretische Zeitschrift für Rechtswissenschaft 5/90 Seiten 359 bis 361.

Hamberger, P. Andreas: Ein „Dolchstoß"? Über das vermeintliche Demokratiekonzept Modrows und die Wiedervereinigung. In: Prokop (Utopie) Seiten 100 bis 110.

Gerlach, Manfred: Für „Generalpardon" Staatsrat-letztes Kapitel. In: Prokop (Utopie) Seiten 140 bis 154.

Harich, Wolfgang: Strohmänner- oder was sonst? Der Einigungsvertrag: Macht gegen Moral. In: Prokop (Utopie) Seiten 166 bis 174.

Herzog, Roman (Bundespräsident a.D.): Wie der Ruck gelingt. München 2005.

Initiativgruppe:(Wilfried Ballaschk, Klaus Emmerich, Horstjürgen Fischer, Andreas Gängel, Jens Köhn, Reinhard Mecklenburg, Gerd Quilitzsch, Olaf Ritter, Burkhard Rode – alle Institut für Rechtswissenschaft an der Akademie der Wissenschaften der DDR) „Vorschläge zu ausgewählten Verfassungsbestimmungen". In: Für eine neue Verfassung und reale Bürgerrechte, Seiten 107 bis 126.

Isensee, Josef: Wider den Rechtspositivismus in den Verfassungsabteilungen der Bonner Ministerien. Die junge Demokratie der DDR im Netz der alten SED-Verfassung? In: Tageszeitung DIE WELT 9. April 1990 Seite 8. Hier: Anlage 13.

Keller, Dietmar / Scholz, Joachim (Herausgeber): Der Demokratie schuldig – die Schuld der Demokratie Volkammerspiele. Eine Dokumentation aus der Arbeit des letzten Parlaments der DDR. Berlin1990.

Klein, Thomas: „Modrow-Regierung in der Zwickmühle". In: Bollinger (Das letzte Jahr der DDR) Seiten 207 bis 229, mit zahlreichen Quellen.

Klenner, Hermann: Marxismus und Menschenrechte Studien zur Rechtsphilosophie Berlin 1982.

Kohl, Helmut: Vom Mauerfall zur Wiedervereinigung. Meine Erinnerungen. Neuauflage, München Oktober 2014.

Köhler, Horst (Bundespräsident):„70 000 Herzen" Rede beim Festakt „20 Jahre friedliche Revolution" in Leipzig 9. Oktober 2009. In: Reden und Interviews, Band 6, 1. Juli 2009 -31. Mai 2010, Seiten 103-113.

Kolodziej, Horst /Richter, Wolfgang (Gesellschaft zum Schutz von Bürgerrecht und Menschenwürde): Von ABM bis zukunftsfroh. Das große Karikaturen-Wörterbuch der Nachwende. Frankfurt/ Oder o.D.

Kommentar zum Grundgesetz für die Bundesrepublik Deutschland in zwei Bänden (Alternativkommentar), Neuwied 1989.

Kraft, Dieter: „Schwerter zu Pflugscharen". In: Pätczold/Weißbecker Historische Schlagwörter Seiten 237 bis 239.

Krenz, Egon (ehemaliger Staatsratsvorsitzender der DDR): Der 9. November 1989 Unfall oder Logik der Geschichte. In: Prokop (Utopie) Seiten 71 bis 87.

Kuczynki, Jürgen: „Der Übergang vom Kapitalismus zum Sozialismus". In: Derselbe: Asche für Phönix. Aufstieg, Untergang und Wiederkehr neuer Gesellschaftsordnungen. Eine vergleichende Studie zu Feudalismus, Kapitalismus und „Realem Sozialismus". Mit einem Nachwort von Georg Fülberth Köln 1982 Seiten 77 bis 106.

Kuczynki, Jürgen: „8. Oktober 1989 bis Ende 1990." In: Derselbe: Ein hoffnungsloser Fall von Optimismus? Memoiren 1989 – 1994. Seiten 19 bis 81.

Lindner, Gabriele: Das Maß der Macht. Runder Tisch und Modrow-Regierung. In: Prokop (Utopie) Seiten 123 bis 139.

Lieberam, Ekkehard: Wahlsysteme, parteienstaatliche Demokratie und Partizipation des Bürgers. In: Staat und Recht Theoretische Zeitschrift für Rechtswissenschaft 5/90 Seiten 401 bis 406.

Luft, Christa: Schocktherapie statt Prophylaxe. DDR und RGW 1989/1990. In: Prokop (Utopie) Seiten 111 bis 122.

Lücke, Detlev: „Wer hat Angst vor Daniela Dahn?" In: Dahn (Verfassung) Hamburg, September 1999 Seiten73 bis 84.

de Maiziere, Lothar: Ich will, dass meine Kinder nicht mehr lügen müssen. Meine Geschichte der deutschen Einheit, Freiburg. Basel. Wien 2010.

Maleck, Bernhard: Wolfgang Ullmann: „Ich werde nicht schweigen" Gespräche mit Wolfgang Ullmann Berlin 1991.

Maleuda, Günther (Nov. 1989 - März 1990 Präsident der Volkskammer der DDR): Entdeckter Parlamentarismus. Die Volkskammer der Deutschen Demokratischen Republik. In: Prokop (Utopie) Seiten 140 bis 154.

Mampel, Siegfried: Die sozialistische Verfassung der Deutschen Demokratischen Republik. Text und Kommentar. Frankfurt am Main 1972.

Melzer, Helmut: „Staatsreform und Kommunalverfassung". In: Für eine neue Verfassung und reale Bürgerrechte, Seiten 64 bis 76.

Modrow, Hans: Ich wollte ein neues Deutschland mit Hans-Dieter Schütt. Berlin 1998.

Modrow, Hans: Ausführungen auf der geschlossenen Sitzung des ersten Beratungstages. In: Außerordentlicher Parteitag der SED-PDS: Berlin, Dezember 1989, Materialien Seiten 29 bis 32.

Nakath, Detlef: Zwischen „Swing" und „Nonpaper". Zur politischen Bedeutung des deutsch-deutschen Handels am Ende der 80er Jahre. In: Prokop (Utopie) Seiten 42 bis 54.

Nakath, Monika: Ein neuer „Sputnik-Schock?" Die SED im Spannungsfeld von Glasnost und Perestroika. In: Prokop (Utopie) Seiten 10 bis 21.

Neubert, Harald /Steigerwald, Robert: „Für einen anderen Fortschritt, für einen neuen Sozialismus". In: Harald Neubert: Europäische Nachkriegsordnung. West-Ost-Konflikt und deutsche Zweistaatlichkeit. Essen November 2013 Seiten 309 bis 333.

Neue Chronik DDR: Berichte, Fotos, Dokumente. 1. Folge 7. August 1989 – 18.Oktober 1989. 2. Folge 19. Oktober – 23. November 1989: Recherchiert und zusammengestellt von Zeno und Sabine Zimmerling, Berlin 1990.

Neues Forum Leipzig: Jetzt oder nie - Demokratie. Leipziger Herbst `89. Mit einem Vorwort von Rolf Henrich. Leipzig 1989.

Niemann, Heinz: „Die Kommunisten – rot lackierte Faschisten“. In: Pätzold/ Weißbecker Historische Schlagwörter Seite 80 f.

ohnMacht DDR-Funktionäre sagen aus: Herausgegeben von Brigitte Zimmermann und Hans-Dieter Schütt. Berlin1992

Oktober 1989: Wider den Schlaf der Vernunft. Briefe, Protokolle, Reden…Berlin 1989.

Pätzold, Kurt:„Die Partei hat immer Recht“. In: Ebender/ Weißbecker Historische Schlagwörter Seiten 83bis 85.

Pätzold, Kurt /Weißbecker, Manfred (Hrsg.): Historische Schlagwörter Leipzig o.J. (2002).

Papst, Andrea / *Schultheiß,* **Catharain/Bohley, Peter (Hrsg.):** Wir sind das Volk? Ostdeutsche Bürgerrechtsbewegungen und die Wende, Tübingen 2001.

Parteien und politische Bewegungen im letzten Jahr der DDR (Oktober 1989 bis April 1990): Herausgegeben von Berndt Musiolek und Carola Wuttke, Berlin 1991.

Platzdasch, Günter: „Den Sozialismus in seinem Lauf hält weder Ochs noch Esel auf“ (Erich Honecker 14.8.1989). In: Pätzold/ Weißbecker Historische Schlagwörter Seite 50 f.

Preuß, Ullrich K. : Auf der Suche nach der Zivilgesellschaft. Der Verfassungsentwurf des Runden Tisches. In: Tageszeitung Frankfurter Allgemeine Zeitung 28. April 1990. Hier als: Anlage 11

Peters, Ulrich: „Die theoretische Verarbeitung des Realsozialismus“. In: Derselbe Unbeugsam & widerständig. Die radikale Linke in Deutschland seit 1989/90. Münster Oktober 2014 Seiten 575 bis 629.

Pogodda, Hans: Rechtsstaat contra Etatismus**.** . In: Staat und Recht Theoretische Zeitschrift für Rechtswissenschaft 5/90 Seite 363 bis 372.

Potsdamer Erklärung: „Deutschland in bester   Verfassung? Der   Aufbruch 1945 in Hessen und Brandenburg. Der Neubeginn in   Potsdam   vor   20   Jahren.Das   Grundgesetz   heute“. Dokumentation zur Konferenz zu Gesetz und Gesellschaft, 23.

Mai 2012, im Cecilienhof und im Haus der Brandenburgisch-Preußischen Geschichte, Berlin Oktober 2012. Hier: Anlage 6.

Präambel neue Verfassung der DDR
siehe Wolf, Christa; hier: Anlage 2 A.

Prokop, Siegfried (Hrsg.) im folgenden Prokop (Utopie):
Die kurze Zeit der Utopie. Die „zweite" DDR im vergessenen Jahr 1989/1990. Berlin 1994.

Prokop, Siegfried: „Blühende Landschaften" (Helmut Kohl). In: Pätzold/ Weißbecker Historische Schlagwörter Seite 30 f.

 Quade,Katrin: „Für einen neuen Ansatz in der Grundrechts-konzeption". In: Für eine neue Verfassung und reale Bürgerrechte Seiten 41 bis 48.

Richter, Bärbel: „Verfassungsrecht und wissenschaftlich-technischer Fortschritt in der Medizin". In: Für eine neue Verfassung und reale Bürgerrechte, Seiten 99 bis 106.

Riege, Gerhard: „Grundrechte in der gesellschaftlichen Dynamik." In: Für eine neue Verfassung und reale Bürgerrechte, Seiten 49- 63.

Röhr, Werner: Esaus Bruder und das Linsengericht. Die Regression der DDR zur Anschlußzone. In: Prokop (Utopie) Seiten 175 bis 186.

Schäuble, Wolfgang: Der Vertrag. Wie ich über die deutsche Einheit verhandelte, Stuttgart 1991.

Schirmer, Gregor: „Die Sache ist gelaufen…" Der Zwei-plus-Vier-Vertrag. Versuch einer Vivisektion. In: Prokop (Utopie) Seiten 187 bis 206.

Schirmer, Gregor: Volkskammerabgeordneter von 1963 bis 1990. Zur Rolle der obersten Volksvertretung der DDR. In: Derselbe: „Ja, ich bin dazu bereit". Eine Rückblende. Berlin 201, Seiten 147 bis 215.

Schmid, Carlo: Erinnerungen, 6. Auflage Bern, München, Wien 1979.

von Schnitzler, Karl-Eduard: Der rote Kanal. Hamburg, 3. Auflage 1993

Schröder, Richard / Misselwitz, Hans (Herausgeber):
Mandat für Deutsche Einheit. Die 10. Volkskammer zwischen DDR-Verfassung und Grundgesetz. Opladen 2000.

Schuller, Wolfgang: „Die Revolution regiert mit". In: Derselbe: Die deutsche Revolution 1989. Berlin 2009 Seiten 226 bis 252.

Schulz, Dieter: „Blühende Landschaften". Zur Wiedervereinigungspolitik der Bundesregierung 1989/1990. In: Prokop (Utopie) Seiten 55 bis 70.

Schwanitz, Wolfgang und Grimmer, Reinhard (Hrsg): Unbequeme Zeitzeugen. Erinnerungen von MfS-Angehörigen. Berlin 2014.

Schwarz, Josef: „Das letzte Jahr" In: Derselbe: Bis zum bitteren Ende. 35 Jahre im Dienste des Ministeriums für Staatssicherheit. Eine DDR-Biographie. Zweite Auflage, Schkeuditz November 1995. Seiten 164 bis 181.

Steding, Rolf: „Für ein neues Verhältnis von Staat und Landwirtschaft". In: Für eine neue Verfassung und reale Bürgerrechte Seiten 77 bis 86.

Schöneburg, Karl Heinz: „Die revolutionäre Veränderung in der DDR erfordert eine neue Verfassung" in: Für eine neue Verfassung und reale Bürgerrechte, Seiten 7 bis 30.

Steinbeis, Maximilian/Detjen, Marion/Detjen, Stephan: „Die Deutschen in der DDR und `Lebenslügen´ in der Bundesrepublik" . In: Dieselben: Die Deutschen und das Grundgesetz. Geschichte und Grenzen unserer Verfassung. München, Februar 2009, Seiten 48 bis 55.

Thaysen, Uwe: „Einleitender Essay". In: Der Zentrale Runde Tisch der DDR, Band I Seiten VII bis XLVI (mit Literaturauswahl, Abkürzungsverzeichnis, Inhaltsverzeichnis (1.- 4. Sitzung), Inhaltsübersicht (Band II –V) Wiesbaden 2000.

Übereinkommen über die Rechte des Kindes (26. Januar 1990) **VN-Kinderrechtskonvention im Wortlaut mit Materialien.** Bundesministerium für Familie, Senioren, Frauen und Jugend Referat Öffentlichkeitsarbeit. Stand: November 2014, 5. Auflage.

Überlegungen zu verfassungsrechtlichen Fragen im Zusammenhang mit der Einigung Deutschlands. Aufzeichnung des Bundesministeriums des Innern 27.Februar 1990. In: Dokumente zur Deutschlandpolitik. Deutsche Einheit Sonderedition aus den Akten des Bundeskanzleramtes 1989/90. München 1998 Seiten 879 bis 886.

Ullmann, Wolfgang: „Das vereinte Deutschland braucht eine neue Verfassung". Artikel in „Die Zeit" vom 24,. Mai 1991. In: Derselbe: Verfassung und Parlament Seiten 186 bis 192.

Ullmann, Wolfgang: „Den Führungsanspruch der SED aus der Verfassung streichen". Ansprache in der Berliner Gethsemane-

Kirche am 27. Oktober 1989. In: Derselbe: Verfassung und Parlament Seiten 41 bis 44.

Ullmann, Wolfgang: „Der Einigungsvertrag zwischen der DDR un der BRD ist verfassungswidrig." Erklärung vor der Volkskammer am 20 September 1990. In: Derselbe: Verfassung und Parlament Seite 134 f.

Ullmann, Wolfgang: „Der Weg aus der Provinz führt über die Verfassung" Artikel in „Frankfurter Allgemeine Zeitung" vom 16. Oktober 1991. In: Derselbe: Verfassung und Parlament Seite 206 bis 218.

Ullmann, Wolfgang: „Die deutsche Einheit – ein Jahr danach, Gewinner und Verlierer". Artikel in der „Berliner Zeitung" vom 2. Oktober 1991. In: Derselbe: Verfassung und Parlament Seiten 199 bis 205.

Ullmann, Wolfgang: „Unser Land braucht eine neue Verfassung", Rede vor der Volkskammer am 17. Mai 1990. In: Derselbe: Verfassung und Parlament Seiten 64 bis 70.

Ullmann, Wolfgang: Verfassung und Parlament. Ein Beitrag zur Verfassungsdiskussion. Berlin 1992.

Ullmann, Wolfgang: „Was ist die Verfassung?", Rede vor der Volkskammer am 17. Juni 1990. Derselbe: Verfassung und Parlament Seiten 82 bis 87.

(Neue) Verfassung der DDR (Entwurf):
Der allen Abgeordneten der Volkskammer auf ihre Arbeitsplätze vor der *Konstituierung (am 5. April 1990) auf ihre Arbeitsplätze gelegt wurde, befindet sich in der Anlage 2.*

Verfassungsfragen auf dem Weg zur deutschen Einheit:
Gerhard Weigt: Plädoyer für den Grundrechtskatalog (355); Klaus Emmerich: Institutionen und Mechanismen gesellschaftlicher und politischer Willensbildung (357); Karl Friedrich Gruel: Staatsgrundsätze und Staatsorganisation (359); Klaus Wolfram: Wirtschafts-und Eigentumsordnung (362). In: Staat und Recht. Theoretische Zeitschrift für Rechtswissenschaft 5/90 Seiten 355 bis 363.

VON ABM BIS ZUKUNFTSFROH: DAS GROSSE KARIKATUREN-WÖRTERBUCH DER NACH-WENDE.
Frankfurter Oder Editionen-Buchverlag GmbH i.G. o.D. Herausgeber: Horst Kolodziej und Wolfgang Richter (Gesellschaft zum Schutz von Bürgerrecht und Menschenwürde).

von Weizsäcker, Richard (Bundespräsident): „Vereinigung" in: Derselbe: Vier Zeiten Erinnerungen. München 2010, Seiten 351, 359 bis 451.

Weidenfeld, Werner / Korte, Karl-Rudolf (Hrsg.): Handwörterbuch zur deutschen Einheit. Frankfurt (am Main)/ New York 1992.

Weigt, Gerhard: Plädoyer für den Grundrechtskatalog. In: Staat und Recht Theoretische Zeitschrift für Rechtswissenschaft 5/90 Seiten 355 bis 357.

Wolf, Christa: „Donnerstag, 27. September 1990 Berlin, Amalienpark". In: Dieselbe: Ein Tag im Jahr 1960-2000. Frankfurt am Main 4. Auflage 2013 Seiten 486 bis 503, (Präambel neue Verfassung der DDR Seiten 501 f.).

Wolfram, Klaus: Wirtschafts-und Eigentumsordnung. In: Staat und Recht Theoretische Zeitschrift für Rechtswissenschaft 5/90 Seite 362 f.

Wörterbuch der Karikaturen: siehe von ABM… Kolodziej/Richter (Gesellschaft zum Schutz von Bürgerrecht und Menschenwürde).

Wuttke, Carola: „Für unser Land" Ein Aufruf im Gegensog. In: Prokop (Utopie) Seiten 88 bis 99.

Der Zentrale Runde Tisch der DDR: Wortprotokoll und Dokumente.

<u>Band I</u>: Aufbruch, 1. bis 4. Sitzung (7. Dezember bis 27. Dezember 1989).

<u>Band II</u> Umbruch, 5. bis 9. Sitzung (3. Januar bis 22. Januar 1990).

<u>Band III</u> Neuer Machtkampf, 10. bis 13. Sitzung (29. Januar bis 19. Februar 1990).

<u>Band IV</u> Identitätsfindung?, 14. bis 16. Sitzung (26. Februar bis 12. März 1990).

<u>Band V</u> Dokumente, bearbeitet. Mit einem einleitenden Essay versehen und herausgegeben von Uwe Thaysen.

(Alle Bände: Wiesbaden 2000).

Zillig, Hans: „Eine neue Verfassung als Beitrag zur Suche nach einer neuen Identität der Deutschen Demokratischen Republik". In: Für eine neue Verfassung und reale Bürgerrechte Seiten 31 bis 41.

(Zwanzig) 20 Jahre Deutsche Einheit: Die Bundesregierung Stand Juni 2000 (Broschüre).